吻 火

朋友眼中的徐志摩

胡 适 梁实秋 凌叔华 沈从文 等著

学术顾问 严家炎 荣誉顾问 徐善曾
书系题签 刘再复 主 编 陈志明
编 委 逄金一 韩石山 蒋连根

图书在版编目（CIP）数据

吻火：朋友眼中的徐志摩 / 胡适等著. -- 南昌：江西教育出版社，2017.6
ISBN 978-7-5392-9632-6

Ⅰ. ①吻… Ⅱ. ①胡… Ⅲ. ①徐志摩（1896-1931）—生平事迹 Ⅳ. ①K825.6

中国版本图书馆CIP数据核字(2017)第111612号

WENHUO PENGYOU YAN ZHONG DE XUZHIMO

书　　名	吻火——朋友眼中的徐志摩
作　　者	胡适　等
出 版 者	江西教育出版社
社　　址	南昌市抚河北路291号　邮编：330008
经　　销	新华书店
印　　刷	江西省和平印务有限公司
开　　本	787毫米×1092毫米　1/32
印　　张	8.25印张
字　　数	144千字
版　　次	2017年11月第1版
印　　次	2017年11月第1次印刷
定　　价	**38.00元**

ISBN 978-7-5392-9632-6

赣教版图书如有印制质量问题，请向我社调换
联系电话：0791-86710427

赣版权登字-02-2017-524
版权所有，侵权必究

目　录

胡　适	追悼志摩	001
郁达夫	志摩在回忆里	013
郁达夫	怀念四十岁的志摩	021
郑振铎	悼志摩	026
沈从文	三年前的十一月二十二日	033
杨振声	与志摩最后的一别	042
叶公超	志摩的风趣	049
叶公超	新月旧拾——忆徐志摩二三事	053
王统照	悼志摩	058
陶孟和	我们所爱的朋友	066
韩湘眉	志摩最后的一夜	072
方令孺	志摩是人人的朋友	079
苏雪林	我所认识的诗人徐志摩	083

苏雪林	北风——纪念诗人徐志摩	097
梁遇春	吻火	105
吴　宓	徐志摩与雪莱	107
陈梦家	纪念志摩	119
储安平	悼志摩先生	127
温源宁	徐志摩——一个孩子	131
湘　江	忆徐志摩先生之死	135
张若谷	送志摩升天	138
费鉴照	诗人：徐志摩	144
梁实秋	回首旧游——纪念徐志摩逝世五十周年	149
梁实秋	徐志摩的诗与文	153
刘海粟	回忆老友徐志摩和陆小曼	158

[英]魏雷 梁锡华译 我的朋友徐志摩	171
卞之琳 徐志摩诗重读志感	181
赵景深 志摩师哀辞	191
凌叔华 谈徐志摩遗文——致陈从周的信	198
凌叔华 再谈徐志摩遗文——致陈从周的信	202
附录 徐志摩遇难报章报道	207
《大公报》	207
《申报》	213
《北平晨报》	223
《民国日报》	237
《益世报》	250
《中国评论周报》	257

◀胡适像

胡适
追悼志摩

悄悄的我走了,

正如我悄悄的来;

我挥一挥衣袖,

不带走一片云彩。

——《再别康桥》

志摩这一回真走了!可不是悄悄地走。在那淋漓的大雨里,在那迷蒙的大雾里,一个猛烈的大震动,三百匹马力的

吻火
朋友眼中的徐志摩

飞机碰在一座终古不动的山上,我们的朋友额上受了一个致命的撞伤,大概立刻失去了知觉。半空中起了一团天火,像天上陨了一颗大星似的直掉下地去。我们的志摩和他的两个同伴就死在那烈焰里了!

我们初得着他的死信,都不肯相信,都不信志摩这样一个可爱的人会死得这么惨酷。但在那几天的精神大震撼稍稍过去之后,我们忍不住要想,那样的死法也许只有志摩最配。我们不相信志摩会"悄悄的走了",也不忍想志摩会死一个"平凡的死"。死在天空之中,大雨淋着,大雾笼罩着,大火焚烧着,那撞不倒的山头在旁边冷眼瞧着,我们新时代的新诗人,就是要自己挑一种死法,也挑不出更合适、更悲壮的了。

志摩走了,我们这个世界里被他带走了不少的云彩。他在我们这些朋友之中,真是一片最可爱的云彩,永远是温暖的颜色,永远是美的花样,永远是可爱。他常说:

> 我不知道风
> 是在哪一个方向吹——

我们也不知道风是在哪一个方向吹,可是狂风过去之后,我们的天空变惨淡了,变寂寞了,我们才感觉我们的天上的一片最可爱的云彩被狂风卷去了,永远不回来了!

胡适　追悼志摩

这十几天里,常有朋友到家里来谈志摩,谈起来常常有人痛哭。在别处痛哭他的,一定还不少。志摩所以能使朋友这样哀念他,只是因为他的为人整个的只是一团同情心,只是一团爱。叶公超先生说:

他对于任何人,任何事,从未有过绝对的怨恨,甚至于无意中都没有表示过一些憎嫉的神气。

陈通伯先生说:

尤其朋友里缺不了他。他是我们的连索,他是黏着性的,发酵性的。在这七八年中,国内文艺界里起了不少的风波,吵了不少的架,许多很熟的朋友往往弄得不能见面。但我没有听见有人怨恨过志摩。谁也不能抵抗志摩的同情心,谁也不能避开他的黏着性。他才是和事佬,他总是有着无穷的同情(此句原刊为"他才是和事的无穷的同情,使我们老"——编者注),他总是朋友中间的"连索"。他从没有疑心,他从不会妒忌。他使这些多疑善妒的人们十分惭愧,又十分羡慕。

他的一生真是爱的象征。爱是他的宗教,他的上帝。

吻火
朋友眼中的徐志摩

> 我攀登了万仞的高冈,
> 荆棘扎烂了我的衣裳。
> 我向飘渺的云天外望——
> 上帝,我望不见你!
> ……
> 我在道旁见一个小孩:
> 活泼,秀丽,褴褛的衣衫,
> 他叫声"妈",眼里亮着爱——
> 上帝,他眼里有你!
>
> ——《他眼里有你》

志摩今年在他的《猛虎集》自序里,曾说他的心境是"一个曾经有单纯信仰的流入怀疑的颓废"。这句话是他最好的自述。他的人生观真是一种"单纯信仰",这里面只有三个大字:一个是爱,一个是自由,一个是美。他梦想这三个理想的条件能够会合在一个人生里,这是他的"单纯信仰"。他的一生的历史,只是他追求这个单纯信仰的实现的历史。

社会上对于他的行为,往往有不能谅解的地方,都只因为社会上批评他的人不曾懂得志摩的"单纯信仰"的人生观。他的离婚和他的第二次结婚,是他一生最受社会严厉批评的两件事。现在志摩的棺已盖了,而社会上的议论还未定。但我们知道这两件事的人,都能明白,至少在志摩的方面,这

胡适　追悼志摩

两件事最可以代表志摩的单纯理想的追求。他万分诚恳地相信那两件事都是他实现他那"美与爱与自由"的人生的正当步骤。这两件事的结果,在别人看来,似乎都不曾能够实现志摩的理想生活。但到了今日,我们还忍用成败来议论他吗?

我忍不住我的历史癖,今天我要引用一点神圣的历史材料,来说明志摩决心离婚时的心理。民国十一年(一九二二年)三月,他正式向他的夫人提议离婚,他告诉她,他们不应该继续他们的没有爱情、没有自由的婚姻生活了,他提议"自由之偿还自由",他认为这是"彼此重见生命之曙光,不世之荣业"。他说:

> 故转夜为日,转地狱为天堂,直指顾间事矣……真生命必自奋斗自求得来,真幸福亦必自奋斗自求得来,真恋爱亦必自奋斗自求得来!彼此前途无限……彼此有改良社会之心,彼此有造福人类之心,其先自作榜样,勇决智断,彼此尊重人格,自由离婚,止绝苦痛,始兆幸福,皆在此矣。

这信里完全是青年的志摩的单纯的理想主义,他觉得那没有爱又没有自由的家庭是可以摧毁他们的人格的,所以他下了决心,要把自由偿还自由,要从自由求得他们的真生命,真幸福,真恋爱。

后来他回国了,婚是离了,而家庭和社会都不能谅解他。最奇怪的是他和他已离婚的夫人通信更勤,感情更好。社会上的人更不明白了。志摩是梁任公先生最爱护的学生,所以民国十二年(一九二三年)任公先生曾写一封很恳切的信去劝他。在这信里,任公提出两点:

其一,万不容以他人之苦痛,易自己之快乐。弟之此举,其于弟将来之快乐能得与否,殆茫如捕风,然先已予多数人以无量之苦痛。

其二,恋爱神圣为今之少年所乐道……兹事盖可遇而不可求……况多情多感之人,其幻象起落鹘突,而得满足得宁帖也极难。所梦想之神圣境界恐终不可得,徒以烦恼终其身已耳。

任公又说:

呜呼!志摩,天下岂有圆满之宇宙?……当知吾侪以不求圆满为生活态度,斯可以领略生活之妙味矣。……若沉迷于不可必得之梦境,挫折数次,生意尽矣,郁悒侘傺以死,死为无名。死犹可也,最可畏者,不死不生而堕落至不复能自拔。呜呼!志摩,可无惧耶!可无惧耶!

——十二年一月二日信

胡适　追悼志摩

任公一眼看透了志摩的行为是追求一种"梦想的神圣境界"，他料到他必要失望，又怕他少年人受不起几次挫折，就会死，就会堕落。所以他以老师的资格警告他："天下岂有圆满之宇宙？"

但这种反理想主义是志摩所不能承认的。他答复任公的信，第一不承认他是把他人的苦痛来换自己的快乐。他说：

我之甘冒世之不韪，竭全力以斗者，非特求免凶惨之苦痛，实求良心之安顿，求人格之确立，求灵魂之救度耳。

人谁不求庸德？人谁不安现成？人谁不畏艰险？然且有突围而出者，夫岂得已而然哉？

第二，他也承认恋爱是可遇而不可求的，但他不能不去追求。他说：

我将于茫茫人海中访我唯一灵魂之伴侣；得之，我幸；不得，我命，如此而已。

他又相信他的理想是可以创造培养出来的。他对任公说：

吻火
朋友眼中的徐志摩

嗟夫吾师！我尝奋我灵魂之精髓，以凝成一理想之明珠，涵之以热满之心血，朗照我深奥之灵府。而庸俗忌之嫉之，辄欲麻木其灵魂，捣碎其理想，杀灭其希望，污毁其纯洁！我之不流入堕落，流入庸懦，流入卑污，其几亦微矣！

我今天发表这三封不曾发表过的信，因为这几封信最能表现那个单纯的理想主义者徐志摩。他深信理想的人生必须有爱，必须有自由，必须有美；他深信这种三位一体的人生是可以追求的，至少是可以用纯洁的心血培养出来的——我们若从这个观点来观察志摩的一生，他这十年中的一切行为就全可以了解了。我还可以说，只有从这个观点上才可以了解志摩的行为；我们必须先认清了他的单纯信仰的人生观，方才认得清志摩的为人。

志摩最近几年的生活，他承认是失败。他有一首《生活》的诗，诗是暗惨的可怕：

阴沉，黑暗，毒蛇似的蜿蜒，
生活逼成了一条甬道：
一度陷入，你只可向前，
手扪索着冷壁的粘潮，
在妖魔的脏腑内挣扎，

胡适　追悼志摩

> 头顶不见一线的天光，
> 这魂魄，在恐怖的压迫下，
> 除了消灭更有什么愿望？
>
> 　　　　　　　　　　　五月二十九日

　　他的失败是一个单纯的理想主义者的失败。他的追求，使我们惭愧，因为我们的信心太小了，从不敢梦想他的梦想。他的失败，也应该使我们对他表示更深厚的恭敬与同情，因为偌大的世界之中，只有他有这信心，冒了绝大的危险，费了无数的麻烦，牺牲了一切平凡的安逸，牺牲了家庭的亲谊和人间的名誉，去追求，去试验一个"梦想之神圣境界"，而终于免不了惨酷的失败。也不完全是他的人生观的失败。他的失败是因为他的信仰太单纯了，而这个现实世界太复杂了，他的单纯的信仰禁不起这个现实世界的摧毁；正如易卜生的诗剧 *Brand* 里的那个理想主义者，抱着他的理想，在人间处处碰钉子，碰得焦头烂额，失败而死。

　　然而我们的志摩"在恐怖的压迫下"，从不叫一声"我投降了"！他从不曾完全绝望，他从不曾绝对怨恨谁。他对我们说：

> 你们不能更多的责备。我觉得我已是满头的血水，能不

吻火
朋友眼中的徐志摩

低头已算是好的。

——《猛虎集》自序

是的,他不曾低头。他仍旧昂起头来做人;他仍旧是他那一团的同情心,一团的爱。我们看他替朋友做事,替团体做事,他总是仍旧那样热心,仍旧那样高兴。几年的挫折、失败、苦痛,似乎使他更成熟了,更可爱了。

他在苦痛之中,仍旧继续他的歌唱。他的诗作风也更成熟了。他所谓"初期的汹涌性"固然是没有了,作品也减少了;但是他的意境变深厚了,笔致变淡远了,技术和风格都更进步了。这是读《猛虎集》的人都能感觉到的。

志摩自己希望今年是他的"一个真的复活的机会"。他说:

抬起头居然又见到天了。眼睛睁开了,心也跟着开始了跳动。

我们一班朋友都替他高兴。他这几年来想用心血浇灌的花树也许是枯萎了的;但他的同情,他的鼓舞,早又在别的园地里种出了无数的可爱的小树,开出了无数可爱的鲜花。他自己的歌唱有一个时代是几乎销沉了;但他的歌声引起了他的园地外无数的歌喉,嘹亮的唱,哀怨的唱,美丽的唱。

胡适　追悼志摩

这都是他的安慰,都使他高兴。

谁也想不到在这个最有希望的复活时代,他竟丢下我们走了!他的《猛虎集》里有一首咏一只黄鹂的诗,现在重读了,好像他在那里描写他自己的死,和我们对他的死的悲哀;

等候它唱,我们静着望,怕惊了它。
但它一展翅,冲破浓密,化一朵彩云;
它飞了,不见了,没了——
像是春光,火焰,像是热情。

志摩这样一个可爱的人,真是一片春光,一团火焰,一腔热情。现在难道都完了?

决不!决不!志摩最爱他自己的一首小诗,题目叫作《偶然》,在他的《卞昆冈》剧本里,在那个可爱的孩子阿明临死时,那个瞎子弹着三弦,唱着这首诗:

我是天空里的一片云,
偶尔投影在你的波心——
你不必讶异,
更无须欢喜——
在转瞬间消灭了踪影。

吻火
朋友眼中的徐志摩

> 你我相逢在黑夜的海上,
> 你有你的,我有我的,方向;
> 你记得也好,
> 最好你忘掉,
> 在这交会时互放的光亮!

朋友们,志摩是走了,但他投的影子会永远留在我们心里,他放的光亮也会永远留在人间,他不曾白来了一世。我们有了他做朋友,也可以安慰自己说不曾白来了一世。我们忘不了,和我们在那交会时互放的光亮!

二十年(一九三一年),十二月,三,夜

(原载《新月》月刊一九三二年第四卷第一期,

同时在《北平晨报·学园》发表)

◀郁达夫铜像

郁达夫
志摩在回忆里

新诗传宇宙,竟尔乘风归去,同学同庚,老友如君先宿草;
华表托精灵,何当化鹤重来,一生一死,深闺有妇赋招魂。

这是我托杭州陈紫荷先生代做代写的一副挽志摩的挽联,陈先生当时问我和志摩的关系,我只说他是我自小的同学,又是同年,此外便是他这一回的很适合他身份的死。

做挽联我是不会做的,尤其是文言的对句,而陈先生也想了许多成句,如"高处不胜寒""犹是深闺梦里人"之类,

吻火
朋友眼中的徐志摩

但似乎都寻不出适当的上下对,所以只成了上举的一联。这挽联的好坏如何,我也不晓得,不过我觉得文句做得太好,对仗对得太工,是不大适合于哀挽的本意的。悲哀的最大表示,是自然的目瞪口呆,僵若木鸡的那一种样子,这我在小曼夫人当初次接到志摩的凶耗的时候曾经亲眼见到过。其次是抚棺的一哭,这我在万国殡仪馆中,当日来吊的许多志摩的亲友之间曾经看到过。至于哀挽诗词的工与不工,那却是次而又次的问题了。我不想说志摩是如何如何的伟大,我不想说他是如何如何的可爱,我也不想说我因他之死而感到怎么怎么的悲哀,我只想把在记忆里的志摩来重描一遍,因而再可以想见一次他那副凡见过他一面的人谁都不容易忘去的面貌与音容。

大约是在宣统二年(一九一〇年)的春季,我离开故乡的小市,去转入当时的杭府中学读书——上一期似乎是在嘉兴府中读的,终因路远之故而转入了杭府——那时候府中的监督,记得是邵伯炯先生,寄宿舍是大方伯的图书馆对面。

当时的我,是初出茅庐的一个十四岁未满的乡下少年,突然间闯入了省府的中心,周围万事看起来都觉得新异怕人。所以在宿舍里,在课堂上,我只是诚惶诚恐,战战兢兢,同蜗牛似的蜷伏着,连头都不敢伸一伸出壳来。但是同我的这一种畏缩态度正相反的,在同一级同一宿舍里,却有两位奇

郁达夫　志摩在回忆里

人在跳跃活动。

一个是身体生得很小，而脸面却是很长，头也生得特别大的小孩子，我当时自己当然总也还是一个孩子，然而看见了他，心里却老是在想，"这顽皮小孩，样子真生得奇怪"，仿佛我自己已经是一个大孩似的。还有一个，日夜和他在一块，最爱做种种淘气的把戏，为同学中间的爱戴集中点的，是一个身材长得相当的高大，面上也已经满示着成年的男子，由我那时候的心里猜来，仿佛是年纪总该在 30 岁以上的大人——其实呢，他也不过和我们上下年纪而已。

他们俩，无论在课堂上或在宿舍里，总在交头接耳地密谈着，高笑着，跳来跳去，和这个那个闹闹，结果却终于会出其不意地做出一件很轻快很可笑很奇特的事情来吸引大家的注意的。

而尤其使我惊异的，是那个头大尾巴小，戴着金边近视眼镜的顽皮小孩，平时那样的不用功，那样的爱看小说——他平时拿在手里的总是一卷有光、纸上印着石印细字的小本子——而考起来或作起文来却总是分数得的最多的一个。

像这样的和他们同住了半年宿舍，除了有一次两次也上了他们一点小当之外，我和他们终究没有发生什么密切一点的关系；后来似乎我的宿舍也换了，除了在课堂上相聚在一块之外，见面的机会更加少了。年假之后第二年的春天，我

吻火
朋友眼中的徐志摩

不晓为了什么，突然离去了府中，改入了一个现在似乎也还没有关门的教会学校。从此之后，一别十余年，我和这两位奇人——一个小孩，一个大人——终于没有遇到的机会。虽则在异乡漂泊的途中，也时常想起当日的旧事，但是终因为周围环境的迁移激变，对这微风似的少年时候的回忆，也没有多大的留恋。

民国十三四年——一九二三年、一九二四年——之交，混迹在北京的软红尘里，有一天风定日斜的午后，我忽而在石虎胡同的松坡图书馆里遇见了志摩。仔细一看，他的头，他的脸，还是同中学时候一样发育得分外的大，而那矮小的身材却不同了，非常之长大了，和他并立起来，简直要比我高一两寸的样子。

他的那种轻快磊落的态度，还是和孩时一样，不过因为历尽了欧美的游程之故，无形中已经锻炼成了一个长于社交的人。笑起来的时候，可还是同十几年前的那个顽皮小孩一色无二。

从这年后，和他就时时往来，差不多每礼拜要见好几次面。他的善于座谈、敏于交际、长于吟诗的种种美德，自然而然地使他成了一个社交的中心。当时的文人学者、达官丽姝，以及中学时候的倒霉同学，不论长幼，不分贵贱，都在他的客座上可以看得到。不管你是如何心神不快的时候，只教经

郁达夫　志摩在回忆里

他用了他那种浊中带清的洪亮的声音,"喂,老×,今天怎么样?什么什么怎么样了?"的一问,你就自然会把一切的心事丢开,被他的那种快乐的光耀同化了过去。

正在这前后,和他一次谈起了中学时候的事情,他却突然地呆了一呆,张大了眼睛惊问我说:

"老李你还记得起记不起?他是死了哩!"

这所谓老李者,就是我在头上写过的那位顽皮大人,和他一道进中学的他的表哥哥。

其后他又去欧洲,去印度,交游之广,从中国的社交中心扩大而成为国际的。于是美丽宏博的诗句和清新绝俗的散文,也一年年地积多了起来。一九二七年的革命之后,北京变了北平,当时的许多中间阶级者就四散成了秋后的落叶。有些飞上了天去,成了要人,再也没有见到的机会了;有些也竟安然地在牖下到了黄泉;更有些,不死不生,仍复在歧路上徘徊着,苦闷着,而终于寻不到出路。是在这一种状态之下,有一天在上海的街头,我又忽而遇见了志摩。

"喂,这几年来你躲在什么地方?"

兜头的一喝,听起来仍旧是他那一种洪亮快活的声气。在路上略谈了片刻,一同到了他的寓里坐了一会,他就拉我一道到了大赉公司的轮船码头。因为午前他刚接到了无线电报,诗人泰戈尔回印度的船系定在午后五时左右靠岸,他是

吻火
朋友眼中的徐志摩

要上船去看看这老诗人的病状的。

当船还没有靠岸,岸上的人和船上的人还不能够交谈的时候,他在码头上的寒风里立着——这时候似乎已经是秋季了——静静地呆呆地对我说:

"诗人老去,又遭了新时代的摈斥,他老人家的悲哀,正是孔子的悲哀。"

因为泰戈尔这一回是新从美国日本去讲演回来,在日本、在美国都受了一部分新人的排斥,所以心里是不十分快活的,并且又因年老之故,在路上更染了一场重病。志摩对我说这几句话的时候,双眼呆看着远处,脸色变得青灰,声音也特别的低。我和志摩来往了这许多年,在他脸上看出悲哀的表情来的事情,这实在是最初也便是最后的一次。

从这一回之后,两人又同在北京的时候一样,时时来往了。可是一则因为我的疏懒无聊,二则因为他跑来跑去的教书忙,这一两年间,和他聚谈时候也并不多。今年的暑假后,他于去北平之先曾大宴了三日客,头一天喝酒的时候,我和董任坚先生都在那里。董先生也是当时杭府中学的旧同学之一,席间我们也曾谈到了当日的杭州。在他遇难之前,从北平飞回来的第二天晚上,我也偶然地,真真是偶然地,闯到了他的寓里。

那一天晚上,因为有许多朋友会聚在那里的缘故,谈谈

郁达夫　志摩在回忆里

说说，竟说到了十二点过。临走的时候，还约好了第二天晚上的会后才兹分散。但第二天我没有去，于是就永久失去了见他的机会了，因为他的灵柩到上海的时候是已经殓好了来的。

文人之中，有两种人最可以羡慕。一种是像高尔基一样，活到了六七十岁，而能写许多有声有色的回忆文的老寿星，其他的一种是如叶赛宁一样的光芒还没有吐尽的天才夭折者。前者可以写许多文学史上所不载的文坛起伏的经历，他个人就是一部纵的文学史。后者则可以要求每个同时代的文人都写一篇吊他哀他或评他骂他的文字，而成一部横的放大的文苑传。

现在志摩是死了，但是他的诗文是不死的，他的音容状貌可也是不死的，除非要等到认识他的人老老少少一个个都死完的时候为止。

一九三一年十二月十一日

附　　记

上面的一篇回忆写完之后，我想想，想想，又在陈先生代做的挽联里加入了一点事实，缀成了下面的四十二字：

吻火
朋友眼中的徐志摩

三卷新诗,廿年旧友,与君同是天涯,只为佳人难再得。

一声河满,九点齐烟,化鹤重归华表,应愁高处不胜寒。

一九三一年十二月十九日

◀郁达夫像

郁达夫

郁达夫
怀念四十岁的志摩

志摩生前,最为人所误解,而实际也许是催他速死的最大原因之一的--重性格,是他的那股不顾一切、带有激烈的燃烧性的热情。

眼睛一眨,志摩去世,已经交五年了。在上海那一天阴晦的早晨的凶报,福煦路上遗宅里的仓皇颠倒的情形,以及其后灵柩的迎来,吊奠的开始,尸骨的争夺,和无理解的葬事的经营等情状,都还在我的目前,仿佛是今天早晨或昨天

吻火
朋友眼中的徐志摩

的事情。志摩落葬之后,我因为不愿意和那一位商人的老先生见面,一直到现在,还没有去墓前倾一杯酒,献一朵花;但推想起来,墓木纵不可拱,总也已经宿草盈阡了吧?志摩有灵,当能谅我这故意的疏懒!

综志摩的一生,除他在海外的几年不算外,自从中学入学起直到他的死后为止,我是他的命运的热烈的同情旁观者;当他死的时候,和许多朋友夹在一道,曾经含泪写过一篇极简略的短文,现在时间已经过了五年,回想起来,觉得对他的余情还有许多郁蓄在我的胸中。仅仅一个空泛的友人对他尚且如此,生前和他有更深的交谊的许多女友,伤感的程度自然可以不必说了,志摩真是一个淘气、可爱、能使你永久不会忘怀的顽皮孩子!

称他作孩子,或者有人会说我卖老,其实我也不过是他的同年生,生日也许比他还后几日,不过他所给我的却是一个永也不会老去的新鲜活泼的孩儿的印象。

志摩生前,最为人所误解,而实际也许是催他速死的最大原因之一的一重性格,是他的那股不顾一切、带有激烈的燃烧性的热情。这热情一经激发,便不管天高地厚,人死我亡,势非至于将全宇宙都烧成赤地不可。发而为诗,就成就了他的五光十色、灿烂迷人的七宝楼台,使他的名字永留在中国的新诗史上。以之处世,毛病就出来了;他的对人对物的一

郁达夫　怀念四十岁的志摩

身热恋,就使他失欢于父母,得罪于社会,甚而至于还不得不遗诉于死后。他和小曼的一段浓情,在他的诗里、日记里、书简里,随处都可以看得出来;若在进步的社会里,有理解的社会里,这一种事情,岂不是千古的美谈?忠厚柔艳如小曼,热烈诚挚若志摩,遇合在一道,自然要发放火花,烧成一片了,哪里还顾得到纲常伦教?更哪里还顾得到宗法家风?当这事情正在北京的交际社会里成话柄的时候,我就佩服志摩的纯真与小曼的勇敢到了无以复加。记得有一次在来今雨轩吃饭的席上,曾有人问起我对这事的意见,我就学了《三剑客》影片里的一句话回答他:"假使我马上要死的话,在我死的前头,我就只想作一篇伟大的史诗,来颂美志摩和小曼。"

情热的人,当然是不能取悦于社会,周旋于家室,更或至于不善用这热情的;志摩在死的前几年的那一种穷状,那一种变迁,其罪不在小曼,不在小曼以外的他的许多男女友人,当然更不在志摩自身;实在是我们的社会,尤其是那一种借名教作商品的商人根性,因不理解他的缘故,终至于活生生地逼死了他。

志摩的死,原觉得可惜得很;人生的三四十前后——他死的时候是三十六岁——正是壮盛到绝顶的黄金时代;他若不死,到现在为止,五六年间,大约我们又可以多读到许多诗样的散文,诗样的小说,以及那一部未了的他的杰作——

《诗人的一生》;可是一面,正因他的突然的死去,倒使这一部未完的杰作,更加多了深厚的回味之处却也是真的。所以在他去世的当时,就有人说,志摩死得恰好,因为诗人和美人一样,老了就不值钱了。况且他的这一种死法,又和拜伦、雪莱的死法一样,确是最适合他身份的死,若把这话拿来作自慰之辞,原也有几分真理含着,我却终觉得不是如此的;志摩原可以活下去,那一件事故的发生,虽说是偶然的结果,但我们若一追究他的所以不得不遭逢这惨事的原因,那我在前面说过的一句话,"是无理解的社会逼死了他",就成立了。我们所处的社会,真是一个如何狭量、险恶、无情的社会!不是身处其境、身受其毒的人,是无从知道的。

过去的事情,已经过去了;我们在志摩的死后,再来替他打抱不平,也是徒劳的事情。所以这次当志摩四十岁的诞辰,我想最好还是做一点实际的工作来纪念他,较为适当;小曼已经有编纂他的全集的意思了,这原是纪念志摩的办法之一,此外像志摩文学奖金的设定,和他有关的公共机关里纪念碑胸像的建立,志摩图书馆的发起,以及志摩传记的编撰,等等,也是都可以由我们后死的友人来做的工作。可恨的是时势的混乱,当这一个国难的关头,要来提倡尊重诗人,是违背事理的;更可恨的是世情的浅薄,现在有些活着的友人,一旦钻营得了大位尚且要排挤诋毁诬陷压迫我们这些无权无

郁达夫　怀念四十岁的志摩

势的文人,对于死者那更加可以不必说了。"侬今葬花人笑痴,他年葬侬知是谁?"悼吊志摩,或者也就是变相的自悼吧!

（原载上海《宇宙风》半月刊一九三六年一月一日第八期）

郑振铎像▶

郑振铎:
悼志摩

我万想不到要追悼志摩!他的印象,他的清癯的略带苍白的面容,他的爽脆可喜的谈笑,还活泼泼地出现在我的眼前。我和他最后一次的见面是在四个礼拜以前,适之先生的家里。他到了北平,便打电话来找我,我在他房里坐了两三点钟。我们谈的话都是无关紧要的,但也都是无顾忌的。他的态度仍如平常一般的愉快,无思虑。想不到在四个星期之后,我们便永远地再见不到他了!我们住在乡下的人,消息真是迟钝,便连他南下的消息也还不曾听到过呢。我还答应过清华

郑振铎　悼志摩

的同学，说要找他来讲演。不料这句话刚说过不到几天，我们便再也听不到他的谈吐、他的语声了！

地山告诉我说，他最后见到志摩的一天，是在前门的拥挤的人群里。志摩和梁思成君夫妇同在着。

"地山，我就要回南了呢。"志摩说。

"什么时候再回到北平来？"

志摩悠然地带着玩笑似的态度说道："那倒说不上。也许永不再回来了。"

地山复述着最后这句话时，觉得志摩的话颇有些"语谶"。

前天在北海的桥上，遇见了铁岩。我们说到了志摩的死。铁岩道：

"事情是有些可怪，志摩的脸色不是很白的么？我最后的一次见到他时，觉得他的脸上仿佛罩上了一层黑光。"

这些都是事后的一种想当然的追忆，未必便是真实的预兆。也许我是太不细心了，这种的预兆，压根儿便不曾在我的心上漂浮过。

其实，志摩的死也实在太突然了，太意外了，致使我们初闻的时候，都不会真确地相信。我见到报纸后，立即打电话去问胡宅：

"报纸上载的徐志摩先生的事靠得住么？"

回复的话是："靠得住的，徐先生确已逝世了。"

"有什么人到济南去料理呢?"

"去的是张慰慈、张奚若几位先生。"

当我第一天见到报纸载着一架飞机失事了,死了两个机师、一位乘客的事时,只是慨叹而已。谁想得到那位乘客便会是志摩!

志摩不死于病,不死于国事,不死于种种的"天灾人祸"之中,而死于空中,死于烈焰腾腾、火星乱迸的当儿,这真一个不平凡的死,且是一个太无端的死。

我们慨叹于一位很有希望的伟大的诗人的逝去,但我们也不忍因此去责备任何人。责备又何所用呢?

志摩是一位最可交的朋友,凡是和他见过面的人,都要这样说。

他宽容,他包纳一切,他无机心,这使他对于任何方面都显得可以相融洽。他鼓励,他欣赏,他赞扬任何派别的文学,受他诱掖的文人可真是不少!人家误会他,他并不生气,人家责骂他,他也能宽容他们。诗人、小说家都是度量狭小得令人可怕的,志摩却超出于一切的常例之外,他的度量的渊渊,颇令人难测其深处。

他在上海发起"笔会"。他的主旨,便在:使文人们不要耗费时力于因不相谅解而起的争斗之中。他颇想招致任何派别的文学家,使之聚会于一堂,俾得消泯一切无谓的误会。

郑振铎　悼志摩

他很希望上海的"左翼"文人们，也加入这个团体。同时，连久已被人唾弃的"礼拜六"派的通俗文士们他也想招致。虽然结果未必能够尽如他意，然他的心力却已费得不少了。

在当代文坛上，像他那样的不具有"派别"的旗帜与偏见的，能够融洽一切、宽容一切的，我还没见过第二个人。

他是一位很早的文学研究会的会员，但他同别的会社也并不是没有相当的联络；他是新月社的最努力的社员，但他对于新月社以外的文学运动，也还不失去其参加的兴趣。

他只知道"文学"，他只知道为"文学"而努力，他的动机和兴趣都是异常的纯一的，所以他绝不会成为一位偏执的人。

许多人对于志摩似乎都有些误会。

有的人误会志摩是一个华贵的"公子哥儿"：他们以为他的生活是异常愉快与丰富的，他是不必"待米下锅"的，他是不必顾虑到他的明天乃至明年以后的生计的。在表面上看，这种推测倒未必错。他的外表，他的行动，似是一位十足的"公子哥儿"。可惜他做"公子哥儿"的年代未必很久。他的父母的家庭的情况，倒足以允许他做一位无忧无虑的"公子哥儿"。但他却早已脱去了家庭的羁绊而独立维持着他自己的生计。他在最近三五年里，我晓得，常是为衣食而奔走于四方。他并不充裕，他常要得到稿费以维持家计。有一个

吻火
朋友眼中的徐志摩

时期，他是靠着中华书局的不多的编辑费，做他的主要的生活费。有一个时期，他奔走于上海、南京之间，每星期要往来京沪路一次，身兼中大与光华两校的教席，为的是家计！

有的人误会志摩是一位像春天的蛱蝶般的无忧无虑的人物。他们以为：志摩的生活既极华贵，舒适，他的心地更是优游愉快，似没有一丝一抹的忧闷的云影曾飞浮过他的心头。我们见到他，永远见到的是恬静若无忧虑的气度，永远见到的是若庄若谐的愉快的笑语与风趣盎然的谈吐。其实在志摩的心头，他是深蕴着"不足与外人道"的苦闷的。他的家庭便够他麻烦的了；他的家庭之间，恐怕未必有很怡愉的生活（请恕我这样地说）。有好几年了，他只是将黄连似的苦楚向腹中强自咽下，他决不向人前诉过一句。也亏得他的性情本来是乐天的，所以常只是以"幽默"来替换了他的"无可奈何的轻喟"。这在他的近几年的诗里有隐约的影子存在着，我们都可见得出。

更有的人误会志摩只是一位歌诵人世间的光明的诗人，只像一只枝头上的鸟儿似的，仅是啭唱着他自己的愉快的情歌。这个误会我们也可以将志摩自己的许多诗与散文去消释了它。志摩的生活并不比生在这个大时代的任何人愉快得多少，他对于人世间的事变，其感受性的敏捷也并不下于感受性最敏捷的人们。他所唱的并不全是欢歌，特别是这几年，

他的诗差不多常是充满了肃杀消极的气氛。下面是一个例:

> 阴沉,黑暗,毒蛇似的蜿蜒,
> 生活逼成了一条甬道:
> 一度陷入,你只可向前,
> 手扪索着冷壁的粘潮,
> 在妖魔的脏腑内挣扎,
> 头顶不见一线的天光,
> 这魂魄,在恐怖的压迫下,
> 除了消灭更有什么愿望?
> ——《猛虎集》

这是许多年来的尝够了人世间的"辛苦艰难"发出来的呼号。志摩也许曾尝过人生的软饴饴的甜蜜,但这许多年来,他所尝到的人生却是苦到比黄连更要苦的,致使那么活泼泼的乐天多趣的志摩也不由得如他自己所说的,成了:

> 一份深刻的忧郁占定了我,这忧郁,我信竟于渐渐的潜化了我的气质。
> ——《猛虎集》自序

经了这种的痛苦与压迫之下，志摩是变了一个人，他的诗也在跟着变。他有成为一位比他现在所有成就更为远大、更为伟大的诗人的可能。很可惜的就在这个转变的时代里，一场不可测的"横祸"，竟永远永远地夺去了志摩的舌与笔！

我不仅为友情而悼我的失去一位最恳挚的朋友，也为这个当前的大时代而悼她失去了一位心胸最广而且最有希望的诗人！

这是从我的一篇为清华"中国文学会"的文学月刊写的纪念今年逝世的三位友人中取出的。为了冰森的索稿，请原谅我不能更有所述。

十二月三日

（原载一九三一年十二月八日《北平晨报·学园》）

◀沈从文像

沈从文
三年前的十一月二十二日

六点钟时天已大亮,由青岛过济南的火车,带了一身湿雾骨碌骨碌跑去。从开车起始到这时节已整八点钟,我皆光着两只眼睛。三等车车厢中的一切全被我看到了,多少脸上刻着关外风雪记号的农民!我只不曾见到我自己,却知道我自己脸色一定十分难看。我默默地注意一切乘客,想估计是不是有一个学生模样的年轻人,认识徐志摩,知道徐志摩。我想把一个新闻告给他,徐志摩死了,就是那个给青年人以蓬蓬勃勃生气的徐志摩死了。我要找寻这样一个人说说话,

吻火
朋友眼中的徐志摩

一个没有,一个没有。

我想起他《火车擒住轨》那一首诗。

火车擒住轨,在黑夜里奔:
过山,过水,过陈死人的坟;

过桥,听钢骨牛喘似的叫,
过荒野,过门户破烂的庙;
……
睁大了眼,什么事都看分明,
但自己又何尝能支使命运?
……

这里那里还正有无数火车的长列在寒风里奔驰,写诗的人已在云雾里全身带着火焰离开了这个人间。想到这件事情时,我望着车厢中的小孩、妇人、大兵,以及吊着长长的脖子打盹、作成缢毙姿势的人物,从衣着上看,这是个佃农管事。

当我动手把车窗推上时,一阵寒风冲醒了身旁一个瘦瘦瘪的汉子,他睡眼迷蒙地向窗口一望,就说"到济南还得两点钟"。说完时看了我一眼,好像知道我为什么推开这窗子吵醒了他,接着把窗口拉下,即刻又吊着颈脖睡去了。去济

沈从文　三年前的十一月二十二日

南的确还得两点钟！我不好意思再惊醒他了，就把那个为车中空气凝结了薄冰的车窗，抹了一阵，现出一片透明处。望到济南附近的田地，远远皆流动着一层乳白色薄雾。黑色或茶色土壤上，各装点了细小深绿的麦秧。一切是那么不可形容的温柔沉静，不可形容的美！我心想：为什么我会坐在这车上？为什么一个人忽然会死？我心中涌起了一种古怪的感情，我不相信这个人会死。我计算了一下，这一年还剩余两个月，十个月内我死了四个最熟的朋友。生死虽说是大事，同时也就可以说是平常事。死了，倒下了，瘪了，烂了，便完事了。倘若这些人死去值得纪念，纪念的方法应当不是眼泪，不是仪式，不是言语。采真是在武汉被人牵至欢迎劳苦功高的什么伟人彩牌楼下斩首的，振先是在那个永远使读书人神往倾心的"桃源洞"前被捷克制自动步枪打死的，也频是给人乱枪排了，和二十七个同伴一起躺到臭水沟里，如今却轮到一个"想飞"的人，给在云雾里烧毁了。一切痛苦的记忆综合到我的心上，起了中和作用。我总觉得他们并不当真死去。多力的，强健的，有生气的，守在一个理想勇猛精进的，全给早早地死去了。却留下多少早就应当死去了的阉鸡、懦夫，与狡猾狐鬼、愚人妄人，在白日下吃、喝、听戏、说谎、开会、著书，批评攻击与打闹！想起生者，方真正使人悲哀！

落雨了，我把鼻子贴住玻璃。想起《车眺》那首诗。

吻火
朋友眼中的徐志摩

　　八点左右火车已进了站。下了火车,坐上一辆人力车,尽头那个看来十分忠厚的车夫,慢慢地拉我到齐鲁大学。在齐鲁大学最先见到了朱经农,一问才知道北平也来了三个人,南京也来了两个人。上海还会有三四个人来。算算时间,北来车已差不多要到了。我就又匆匆忙忙坐了车赶到津浦车站去,同他们会面。在候车室里见着了梁思成、张慰慈同张奚若。再一同过中国银行,去找寻一个陈先生,这个陈先生便是照料志摩死后各事,前一天搁下了业务,带了人冒雨跑到飞机出事地点去,把志摩从飞机残烬中拖出,加以洗涤、装殓,且伴同志摩遗体同车回到济南的。这个人在志摩生前并不与志摩认识,却充满热情来完成这份相当辛苦艰巨的任务。

　　见到了陈先生,且同时见到了从南京来的郭有守,我们正想弄明白出事地点在何处,预备同时前去看看。问飞机出事地点离济南多远,应坐什么车,方知道出事地点离济南约二十五里,名白马山站,有站不停车。并且明白死者遗体昨天便已运到了济南,停在城里一个小庙里了。

　　那位陈先生报告了一切处置经过后,且说明他把志摩搬回济南的原因。

　　"我知道你们会来,我知道在飞机里那个样子太惨,所以我就眼看着他们把烧焦的衣服脱去,把血污洗尽,把破碎的整理归一,包扎停当,装入棺里,设法运回济南来了!"

沈从文　三年前的十一月二十二日

他话说的比记下的还多一些,说到山头的形势,去铁路的远近,山下铁路南有一个什么小村落,以及向村落中居民询问飞机出事时情形所得的种种。

那时正值湿雾季节,每天照例总是满天灰雾。山峦,河流,人家,一概皆包裹在一种浓厚湿雾里。飞机去济南差不多三十里,几分钟就应当落地。机师王姓,本来是个济南人,对于济南地方原极熟悉。飞机既已平安超越了泰山高岭,估计时间,应当已快到济南,或者为寻觅路途,或者为寻觅机场,把飞机降低,盘旋了许久,于是訇的碰了山头发了火。着了火后的飞机,翻滚到山脚下,等待这种火光引起村子里人注意,赶过来看时,飞机各部分皆着了火,已燃烧成为一团火了。躺在火中的人呢,早完事了。两个飞机师皆已成为一段焦炭,志摩坐(应为"座"——编者注)位在后面一点,除了衣服着火皮肤有一部分灼伤外,其他地方并不着火。那天夜里落了小雨,因此又被雨淋了一夜。这件事直到第二天方为去失事地方较近的火车站站长知道,赶忙报告济南,济南派人来查验证明后,再分别拍电报告北平、南京。济南方面陈先生过出事地点时,是二十的中午。棺柩运过济南时,是二十一的下午。当二十二大清早我们到济南时,去出事时已经三天了。

我们一同过志摩停柩处去时,约九点半钟,天正落小雨,地下泥滑滑的,那地方是个小庙,庙名似乎叫"福缘庵"。

吻火
朋友眼中的徐志摩

一进去小小院子里,满是济南人日常应用的陶器。这里是一堆钵头,那里有一堆瓦罐,正中有一堆大瓮同一堆粗碗,两廊又是一列一列长颈脖贮酒用的罂瓶。庙屋很小,房屋只有一进三间,神座上与泥地上也无处不是陶器。原来这地方是个售卖陶器的堆店。在庙中偏右神座下,停了一具棺材,两个缩头缩颈的本地人,正在那里烧香。

两个工人把棺盖挪开,各人皆看到那个破产的遗体了,互相低下头来无话可说。我们有什么可说?棺木里静静地躺着的志摩,戴了一顶红顶绒球青缎子瓜皮帽,帽前还嵌了一小方丝料烧成"帽正",露出一个掩盖不尽的额角,右额角上一个李子大斜洞,这显然是他的致命伤。眼睛是微张的,他不愿意死!鼻子略略发肿,想来是火灼炙的。门牙脱尽,与额角上那个小洞,皆可说明是向前猛撞的结果。这就是永远见得生气泼辣,永远不知道有"敌人"的志摩。这就是他?他是那么爱热闹的人,如今却这样一个人躺在这小庙里。安静地躺在这个小而且破的古庙里,让一堆坛坛罐罐包围着的,便是另外一时生龙活虎一般的志摩吗?他知道他在最后一刻,扮了一角什么样稀奇角色!不嫌脏,不怕静,躺到这个地方,受济南市土制香烟缭绕的门外是一条热闹街市,恰如他诗句中的"有市谣围抱",真是一件任何人也想象不及的事情。他是个不讨厌世界的人,他欢喜这世界上一切光与色。他欢

沈从文 三年前的十一月二十二日

喜各种热闹,现在却离开了这个热闹世界,向另一个寒冷宁静虚无里去了。年纪还只三十六岁!由于停棺处空间有限,亲友只能分别轮流走近棺侧看看死者。

各人皆在一分凄凉沉默里温习死者生前的声音与光彩,想说话皆说不出口。仿佛知道这件事得用着另一个中年工人来说话了,他一面把棺木盖挪拢一点,一面自言自语地说:"死了,完了,你瞧他多安静。你难受,他并不难受。"接着且告给我们飞机堕地的形式,与死者躺在机中的情形。以及手臂断折的部分,腿膝断折的部分,胁下肋条骨断折的部分。原来这人就是随同陈先生过出事地点装殓志摩的。志摩遗体的洗涤与整理皆由他一手处置。末了他且把一个小篮子里的一角残余的棉袍,一只血污泥汙透湿的袜子,送给我们看。据他说照情形算来,当飞机同山头一撞时,志摩大致即已死去,并不是撞伤后在痛苦中烧死的传闻,那是不会有的。

十一点听人说飞机骨架业已运到车站,转过车站去看飞机时,各处皆找不着,问车站中人也说不明白,因此又回头到福缘庵,前后在棺木前停下来约三个钟头。雨却越下越大,出庙时各人两脚都是从积水中通过的。

一个在铁路局做事的朋友,把起运棺柩的篷车业已交涉停妥,上海来电又说下午五点志摩的儿子同他的亲戚张嘉铸可以赶到济南。上海来人若能及时赶到,棺柩就定于当天晚

吻火
朋友眼中的徐志摩

上十一点上车。

正当我们想过中国银行去找寻陈先生时,上海方面的来人已赶到福缘庵,朱经农夫妇也来了。陈先生也来了。烧了些冥楮,各人谈些关于志摩前几天离上海、南京时的种种,天夜下来了。我们各人这时才记起已一整天还不曾吃饭的事情,被邀到一个馆子去吃饭,做东的是济南中国银行行长某先生。吃过了饭,另一方面起柩上车的来报告人业已准备完全,我同北平来的梁思成等三人急忙赶到车站上去等候,八点半钟棺柩上了车。这列车是十一点后方开行的。南行车上,伴了志摩向南的,有南京来的郭有守、上海来的张嘉铸、志摩的儿子徐积锴。从北平来的几个朋友留下在济南,还预备第二天过飞机出事地点看看的。我因为无相熟住处,当夜十点钟就上了回青岛的火车。在站上,车辆同建筑,一切皆围裹在细雨湿雾里。这一次同志摩见面,真算得是最后一次了。我的悲伤或者比其他朋友少一点,就只因为我见到的死亡太多了。我以为志摩智慧方面美丽放光处,死去了是不能再得的,固然十分可惜。但如他那种潇洒与宽容,不拘迂,不俗气,不小气,不势利,以及对于普遍人生万汇百物的热情,人格方面美丽放光处,他既然有许多朋友爱他崇敬他,这些人一定会把那种美丽人格移植到本人行为上来。这些人理解志摩,哀悼志摩,且能学习志摩,一个志摩死去了,这世界不因此

沈从文　三年前的十一月二十二日

有更多的志摩了?

　　纪念志摩的唯一的方法,应当扩大我们个人的人格,对世界多一分宽容,多一分爱。也就因为这点感觉,志摩死去了三年,我没有写过一句伤悼他的话。志摩人虽死去了,他的做人稀有的精神,应会能够长远活在他的朋友中间,起着良好的影响,我深深相信是必然的。

(原载一九三四年十一月二十一日《大公报·文艺副刊》)

杨振声像▶

杨振声
与志摩最后的一别

十一月十九日夜里十二点了,忽然接到济南来的电报,说是志摩在开山机焚身死!天啊!我的眼睛可是花了?揉揉眼再看,那死字是这般的突兀,这般的惊心,又是这般的不可转移!电报译错了吧?那是可能?查了再查,这志摩与死万不能连在一起的观念,竟然由这不肯错一字的电码硬给连上了!电报的错字每每有,为什么这回它偏不?但常常有些奇突可怕的事变,吓出一身冷汗后,醒来竟只是一个噩梦。这回敢不也是?但愿它是!四周望望,书架,桌椅,电报,

杨振声　与志摩最后的一别

为什么又这般清晰,这分明又不是梦!志摩,他是真死了!

记得我们最后的一别,还是今年六月里在北平中山公园,后池子边上,直谈到夜深十二点以后。那是怎样富有诗意的一个夏夜!

月亮没有,星斗是满满的。坐在枝叶蓊翳的老柏树底下,对面是古城下一行的路灯,下面池子里的鱼泼剌泼剌地飞跳,身子松松懒懒地斜靠在池边的长椅上,脚跷在临池的栏杆上,眯着眼吸烟,得,这是多好的一个谈天的环境与谈天的姿势!

于是我们谈到星星的幽隐,谈到池鱼的荒唐,谈到古城上楼阁的黑轮,谈到池子里掩映的灯影,谈到夏夜的温柔与不羁,谈到爱情的曲折与飘忽。最后,又谈到他个人的事情上去了,如紫藤的纠缪,如绿杨的牵惹,如野风的渺茫,如花雾的迷离。我窥见他灵感的波涛,多情的挣扎!那是多有趣味而又不能发表的一段呀!

时已半夜以后了,露水把火柴浸洗,烟都抽不着。沉静着听那夏夜的神秘吧。忽然远远地幽幽地来了一阵音乐之声。

"听,那故宫的鬼乐!"他说。

那音乐真像似故宫方面来。"你想这音乐是在幽宫的一角,几个幽灵泣诉故宫的旧恨好呢?还是在千门万户的不夜之宫,三千女魂一齐歌舞好呢?"是我问。

"唔!你去幽宫吧,我得先看了歌舞,再到幽宫去找你。"

他弯了嘴笑。

我们寻着音乐声往东走,经过一段幽凉的长路,到了来今雨轩,也不见有跳舞的音乐。

"这音乐真来的古怪!"他侧着耳朵说。

出了公园的前门,我们又顺着天安门东走,高大的城根下,只有我们两个影子。

"小曼来好几封快信催我回去了。"他若有所思地说。

"你怎样还不走呢?"

"等飞机呀!"

"干吗必须坐飞机?"

"快哦。"

"你等上一星期呢?别顽皮啦!乖乖地坐车去吧。回头坐船,到青岛还得来见我们,我们陪你逛崂山。"

"飞机过济南,我在天空望你们。等着,看我向你们招手儿吧。"

"我明天也就要回去了。"

"这样快!几时见?"

"你一准到青岛来。"

"好吧。"

……

志摩,你是答应我们了!但我们等来等去,等到了你一

杨振声　与志摩最后的一别

个惊心的消息。

许多朋友来信说："志摩死了,我们哪里更找到像他这样一个可爱的人!"

是的,我们的损失,不只是一个朋友,又是一个诗人,一个散文家,更重要的,是人类中失掉了一曲《广陵散》!

谈到诗,志摩实在给了它一个新的体魄,虽然在音节上还未能达到调谐的完美。可是,只要诗得了新的体魄,它不自然会找一个适当的调子吗?我常想新诗有三个阶段。第一阶段,自然是胡适之先生们打破旧诗的樊笼,促成新诗的雏形,然在这一阶段中作白话诗的都还脱不了旧诗的气味。只在形式上把诗的用字,白话化,把平仄的拘束给打破了。而内容上还不能算是如何的新。及至志摩,以充分西洋诗的熏陶来写新诗。不但形式一脱旧诗的窠臼,而取材、用字、结构及气味,都不是旧诗而是新诗了。为方便,可说是到了第二阶段。如他初期的《婴儿》《白旗》《毒药》诸篇,具有何等的力量!但这种散文式的诗,到底是丢了诗的主要成分——音乐的美!志摩诗的进展,音节渐渐地西诗化,这是看得出来的。但以单音字与复音字的不同、中西语调的差异,中国新诗的音节,不是可以整个西洋化。这必从中国语言中找出它自身的音乐来才使得。所以第三阶段,就是新诗音节的追求。自五年前闻一多先生与志摩在《晨报》所创办的《诗刊》,以至今日新月出版的《诗刊》,都是在这一方向努力的行程。而志摩的《猛虎集》已较《志摩的诗》音节为调谐,仪容也整饬了,虽然我们还盼他不失掉初期的力量。谁知在这最后的奋斗中,我们正想看他伟大的成绩时,他却飘然而去呢!

至于他那"跑野马"的散文,我老早就认为比他的诗还好。那用字,有多生动活泼!那颜色,真是"浓得化不开"!那联想的富丽,那生趣的充溢!尤其是他那态度与口吻,够多轻清,多顽皮,多伶俐!而那气力也真足,文章里永远看不出懈怠,老那样像夏云的层涌,春泉的潺湲!他的文章的确有他独到的风格,在散文里不能不让他占一席地。比之于诗,正因为散文没有形式的追求与束缚,所以更容易表现他不羁的天才吧!

再谈到志摩的为人,那比他的散文还有趣!就说他是一部无韵的诗吧。节奏他是没有,结构更讲不到,但那潇洒劲,直是秋空的一缕行云,任风的东西南北吹,反正他自己没有方向。他自如地在空中卷舒,让你看了有趣味就得,旁的目的他没有。他不洒雨,因为雨会使人苦闷;他不会遮了月光,因为那是煞风景。他一生决不让人苦闷,决不煞风景!曾记得他说过:"为什么不让旁人快乐快乐?自己吃点亏又算什么!"朋友们,你见过多少人有这个义气?

他所处的环境,任何人要抱怨痛苦了,但我没有听见他

杨振声　与志摩最后的一别

抱怨过任何人；他的行事受旁人的攻击多了，但他并未攻击过旁人。难道他是滑？我敢说没有一个认识他的朋友会有这个印象的。因为他是那般的天真！他只是不与你计较是非罢了。他喜欢种种奇奇怪怪的事，他一生在搜求人生的奇迹和宇宙的宝藏。哪怕是丑，能丑得出奇也美；哪怕是坏，坏得有趣就好。反正他不是当媒婆，作法官，谁管那些！他只是这样一个鉴赏家，在人生的行程中，采取奇葩异卉，织成诗人的袈裟，让哭丧着脸的人们看了，钩上一抹笑容。这人生就轻松多了！

我们试想这可怜的人们，谁不是仗着瞎子探象的智慧，凭着苍蝇碰窗的才能，在人生中摸索！唯一引路的青灯，总是那些先圣往哲、今圣时哲的格言，把我们格成这样方方板板的块块儿。于是又把所见的一切，在不知不觉中与自己这个块块儿比上一比，稍有出入，便骂人家是错了。于是是非善恶，批评叫骂，把人生闹得一塌糊涂，这够多蠢，多可怜！志摩他就不——一点也不。偏偏这一曲《广陵散》又在人间消灭了！

……

志摩你去了！我们从今再没有夏日清晨的微风，春日百花的繁茂！我再不忍看那古城边的夜灯，再不忍听那荷花池里的鱼跃！假若可以换回的话，我愿把以上的一切来换你。

你有那晨风的轻清,春花的热闹,夏夜的荒唐!

你回来!我情愿放走西北风,一把揪住了你!

二十年(一九三一年)十二月,青岛

(原载《新月》月刊一九三二年三月第四卷第一期)

◀叶公超像

叶公超
志摩的风趣

他是难得的一个永不败兴的人。无论做什么事体,他的兴致总比别人来得高些。看起来,他好像是从来没有受过什么挫折和痛苦的人,其实他何尝没有领略过一些人生的烦恼……

我不忍细想那猛击的震动,那暴烈的毁焰,和那最后的知觉。志摩曾无意中向我说过,他相信雪莱最美的时候,就在他最后知觉的刹那间,这句话想起来多么像志摩的人,他的想象的渺茫,他倾倒中的单纯,他追求理想的兴致,和他谈吐的风趣。风趣是他自己爱用的字眼,他最足使我想起已去的志摩。他最不能忍受的是平凡,是没有声色的存在,所以他想象雪莱的死,在波涛浪花之中,也别有一种超逸的风趣。志摩不病死,而从烟雾迷漾里坠落,惨死于冲击之下,毁焰之中,我们当然何等哀恸,但是我却都觉得他生平的精神又多么谐和。

我不能想象志摩,那生气勃勃的志摩,平淡地病死在床上,如斯蒂芬生说的"died a dull death"。那样,我觉得更加惨淡。志摩爱说人家dull,说的时候那副眼睛的闪烁,嘴唇两端的曲线,头部稍微的前倾,最能显出那种灵敏和同情的幽默。志摩的诗也许不及他崇拜的雪莱,但是他的幽默却远在雪莱之上。这是他胜过雪莱的一点。雪莱所以始终被他自己的思想和情绪所束缚,都是因为他性格中缺少相当的幽默,他脑筋里只认识是非的争斗,和理想与事实的冲突,志摩不但如此,还能领略到人生的趣味,就在这永不能达到理想的追求中。

假使人人事事都能和我们的理想一致,谁还能忍受这种凡俗。有了这种观念,人生的兴趣自然就扩大了。记得有一次志摩念一段 Aldods Huxley 的小说给我听,念到 the charm of the staring vulgarity……他忍不住笑起来了,连忙接着说:"妙

叶公超　志摩的风趣

极了！妙极了！"他这样高兴起来我想不是因为这个 paradox 说得漂亮，乃是因为他自己是爱一切生活的人。他对于任何人、任何事从未有过绝对的怨恨，甚至无意中都没有表示过一些憎嫉的神气。他那本性的纯真似乎总不容他去追究人家的罪恶。我如今想起他的温柔和他对于朋友那番依恋的神情，才感觉至少在我的友朋中没有第二个志摩了。

他是难得的一个永不败兴的人。无论做什么事体，他的兴致总比别人来得高些。看起来，他好像是从来没有受过什么挫折和痛苦的人，其实他何尝没有领略过一些人生的烦恼；不过他和雪莱一样，尽管一面不满于人生，不满于自己，而目前的存在却依然充溢了勃勃的生气和不败的兴致。组织新月社，编辑《晨报副刊》，筹办新月书店都是他最热心最起劲的事。为国体的事，志摩，他是不辞劳苦的。大家都不愿干的事，总是推到他头上去，而他也独有勇气去接受，去敲上锣鼓再说。最近他编《诗刊》，第一期发表时，他本人还在上海，在给我的一封信里提到："《诗刊》已出场，我的锣鼓敲得不含糊。"不错，他的锣鼓的确是不含糊。他拉稿子的本领和他自己动起笔来的丰饶不差上下。给他凑稿子的人总还觉得他是朋友，不是一位算字数的编辑先生。他生平交游之广和兴趣之博也增加不少他生活的意味。他谈吐的风趣是最使人不能忘掉他的。四年前我在上海桃源村他家里和他谈了个通宵,他从轮盘赌的神秘说到人生的运命,买卖金子的亏赢,贩卖钢版皮口袋和头发网子人的面貌,说到这里窗外布谷的声音又使他想起印度种种的歌鸟,泰戈尔欢喜的花鸟,爱尔兰人叶慈给泰戈尔的一封信,与他只有两面因缘的曼殊斐儿,曼殊斐儿的眼睛,哈代说话的音调,每早光华道上的鸟声,桌上那书皮的颜色,《新月》月刊的封面……志摩最喜欢看浓厚强烈的颜色,如金赞、马蒂士、俄葛斯特约翰等的油画都是他生平最爱的东西。他散文里最好的地方好像也是得力于颜色的领略和音乐的谐和。

我总觉得志摩的散文是在他诗之上,他自己却不以为然,他曾说他的散文多半是草率之作,远不如在诗上所费的功夫。这些都是以后的问题了。志摩虽死,他的诗文仍在,后世可以无憾。但是我们所永久丧失的却是志摩的人,他那种别有的风趣,那种温厚纯真豪爽的性格。

一九三一年十一月二十日,志摩死后一日

(原载一九三一年十一月三十日《大公报·文学副刊》)

◀叶公超像

叶公超
新月旧拾
——忆徐志摩二三事

有一位朋友告诉我,徐志摩在飞机上有一封很长的信给我,结果,飞机撞山毁了,志摩死了,信没有了,而告诉我这件事的朋友也已经去世了。

志摩死的前几天,神采飞扬地来找我:"明天一起去上海吧!机票来回免费。"我说:"没事去上海,不去!"他一直怂恿我去玩玩,我坚持不去。谁知过几天飞机就出事了。

我写志摩,关于陆小曼的事向来都只字不提。

志摩跟我提到陆小曼和陈通伯的太太凌叔华,他说:"陆小曼有句话我不敢说,这个女人是很奇怪的女人,实际上是和凌叔华同样的人,不过彼此不承认是同样的女人。"志摩说过好几次这样的话,我也从来不把这种话写出来。而陆小曼和凌叔华是不说话、不肯见面的。

胡适之跟徐志摩完全是两种人。适之自然谆厚、冷静幽默,志摩却是风趣爽快、全然追求"美与爱与自由"的性格。

适之好几次跟我谈陆小曼的事,他当然没有说不配,但是觉得徐志摩不应该这样放任自己地去追求陆小曼。

徐志摩与陆小曼结婚,原来是胡适之做证婚人的,胡太太气得不得了,当我的面就骂胡适之,胡适之跟我说:"你不要听她的话,徐志摩与陆小曼的事你会了解,她不会了解的。"

有一天在适之家,胡太太又当着面骂胡适之,骂我们新月的这些人,用很粗的话骂,我们都不说话。胡太太说:"你们都会写文章,我不会写文章,有一天我要把你们这些人的真实面目写出来,你们都是两个面目的人。"刚好讲这话的时候,胡适之从楼上走下来,他说:"你又在乱说了。"胡太太说:"有人听我乱说我就说。你还不是一天到晚乱说?大家看胡适之怎么样怎么样,我是看你一文不值……"为了徐志摩和陆小曼的事,胡太太一天到晚骂胡适之。她倒是看事实看得很真实的女人。后来胡适之跟我讲:"这几个月之

叶公超　新月旧拾——忆徐志摩二三事

内我们没办法,像我太太这种人,我只能跟她同桌子吃饭,别的话我不能讲,她这个脑筋跟我们都不同。"

后来徐志摩与陆小曼结婚是梁任公做证婚人。一方面胡适之自己不愿意出面做证婚人,而我也在后面说这个事不是胡适之所能做的,他讲出来的话将来不会流传。而梁任公在婚礼中严厉的训词倒是很恳切。梁任公有次跟我讲:"志摩这个事,其实我不愿意做,是适之叫我做的。我就跟适之说,这件事应当你做的,你既然不做,我替你做。"事实证明,胡适之是有点眼光的。他看出这件事本来他自己应当做,却让任公来做,因为实在找不出第二个人来。

志摩死了之后,胡适之对于志摩的态度一直没有改变,他仍然说:"陆小曼与徐志摩的关系只有少数人能够了解,还有几个人是'完全了解',而我就是'完全了解'。他们结婚我并不赞成,不过像我太太这样的人不能跟她谈,她根本不了解这种关系。她对女人只有一种看法,你跟她的看法不同,你就是她的敌人。"

志摩、小曼结婚之后生活的堕落是一般人意料中的。所以志摩死了之后,我们这些人差不多整个远离了陆小曼,她做什么我们都不清楚,耳闻而已。

时间过得真快,志摩去世竟五十周年了。民国二十年(一九三一年)十一月二十日,也就是志摩死的第二天,我写了一篇纪念他的文章《志摩的风趣》交给《大公报·文学副刊》发表,后来适之在《追悼志摩》文章里还引了我对志摩的一段描写。

今天忆起志摩就会想起民国十七八年(一九二八、一九二九年)之际,"新月"每星期几乎都有次饭局,每次两桌,有胡适之、徐志摩、余上沅、丁西林、潘光旦、刘英士、罗努生、闻一多、梁实秋、饶子离、张滋闿、张禹九和我。每次志摩一到,就弄得大家欢喜不置,他从不谈文学,谈的都是吃、穿、头发、玩……我曾经与鲁迅见过一次面,吃了一次饭,鲁迅就骂徐志摩是"流氓"不谈文学,后来我和郭沫若见面,提到鲁迅骂徐志摩的事,郭沫若说:"当然,鲁迅除了自己什么人都骂。"其实志摩的生活是浪漫而不颓废,在几年之内他发表了许多的著作,有诗、有散文、有小说、有戏剧、有翻译,在语言文字上更独树风格,是一般人难望其项背的。

志摩与人认识十分钟就像二十年老友,从跑堂、司机、理发师……什么人都是朋友,看起来他好像是从来没有受过什么挫折和痛苦的人,永远充溢着蓬勃的生气和不败的兴致。因此,没有了他,"新月"也就失去了灵魂,"新月"原本固定每次两桌的饭局,在他死后也就没有了。

如今想起志摩的性情,依然感慨——世界上只有他这样一个人,再没有第二个了。

叶公超　新月旧拾——忆徐志摩二三事

我一直想把志摩的所有作品,以及别人写志摩的文章重新仔细读过,写一篇长文,却因缠绵病榻力不从心,仅能记一二事以为纪念。

一九八一年

王统照像 ▶

王统照：
悼志摩

九月二十号的早上,我看见报纸上的志摩的死耗,当时觉得这件事过于离奇突兀了,也如他的别的友人一样的不相信。但这个重大的消息却在我的心头上迫压了一日。第二日探不到什么,又过了一日,报上说北平有人去照料他的尸体,运柩南下,我才确定志摩真从火星烟雾中堕下来,把他的生命交还"那理想的天庭","永远辞别了人间"。那几个晚上我总觉得心绪不能宁贴,不自制地便想到他在空中翱翔的兴致,想到他正寻求着诗料,浮动着幻想中忽然被急剧的震动、

王统照　悼志摩

爆炸的声响、猛烈的火焰迅疾地翻堕在苍空中断绝了他的最终时呼吸的惨状。他是呼晕,是抖擞,是拘挛地伸缩他的肢体?还是安然地死去?也许他最后的灵明可以使得他在那极短促迅速的时间中回念一切?或解脱一切,忘却了"春恋,人生的惶惑与悲哀,惆怅与短促"?更不管顾火灼与伤残肢肉的痛苦,只是向上望着"一条金色的光痕"?明知这都是无益的寻思,永远找不到明证的妄念,然而我的心偏在这些虚幻的构图上搏动。

我十分后悔,没往济南去看看他盖棺时的面容:因为初得消息的两天疑惑是讹传,又没想到他的尸体运到济南装殓,及至得到确信后已迟一日,去也来不及了!

志摩的诗歌、散文,以及各种的著作,不止在他死后方有定评,现在有些人已经谈过了。至于他的为人、性情、思想,尤其是许多朋友所深念不忘的,并非所谓"盖棺论定",以我与他相处的经过,我敢说那些"孩子似的天真,他对人的同情、和蔼、无机心,宽容一切"的话,绝不是过多的赞美。本来一个理想很高、才思飘逸的诗人,即使他的性情有些古怪偏僻,也并不因此失却他的诗人化的人格,但志摩却能兼斯二者。他追求美,追求爱,追求美丽,痛恶一切的虚伪、倾轧、偏狭、平凡,然而他对于朋友,对于青年,对各样的人,都有一份真挚的同情。凡是与他相熟的,谁也要说他是"一位最可交的朋友"。若不是具有十分纯洁的天真与诚笃温柔的心哪能这样。愈因为他是聪明的诗人,能以使人愿意接近,死后使人不止从他的诗情上痛悼,这正是志摩的特异之处。自知道他死去的确信后,我总觉得为中国文坛上悼念的关系居其半,而为真正的友情上也居其半。

这几年中我与他相会时太少,自然是我住的地方偏僻了,也是他的生活无定,偶然地到一处找他殊不容易。他自从十五年(一九二六年)后作的文字比较地少了,而作品也不似以前的丰丽活泼。我想这是年龄与环境的关系使然。然而无论是诗是散文,在字里行间我们确能看得出他是逐渐地添上了些忧郁的心痕与凄唱的余音。对于他的自由自在的灵魂上,这是些不易解脱的桎梏,不过在他的著作中却另转入一个前途颇长的路径,到了深沉严重的境界。以他的思想、风格,加上后来的人生的锻炼,我相信十年后(怕不用这些年岁)他将轻视他以前的巧丽、轻盈与繁艳(自然他有他的深刻严重之处),他将更进一步的人生的意趣与理想赠予我们。所以在志摩的本身上看,这样不平凡的死,这样"万古云霄一羽毛"的死法,诚然是有他自己死的精神,但在他的文艺上的造就上想,无论国内的哪一派的文人,谁也得从良心上说一声"可惜"!

我认识志摩是九年以前的事了。他那时由欧洲回来,住

王统照　悼志摩

在北京。有一次瞿菊农向我说:"我给你介绍见一个怪人——志摩。"那时我已读过他的一两篇文字,我尤其欣赏那篇吊曼殊斐儿的文笔凄艳。后来我们在中央公园见面了。那时正是四月中的天气,来今雨轩前面的牡丹还留着未落的花瓣,我们约有七八个人在花坛东面几间小房子开什么会,会毕还照相。当大家在草地上游散预备拍照的时候,志摩从松荫下走来,一件青呢夹袍,一条细手杖,右肩上斜挂着一个小摄影盒子。菊农把他叫住想请他加入拍照,他笑了笑道:"Nonsense."转身便向北面跑去。大家都笑了,觉得这人颇有意趣,不一会他已经转了一个圈子又回到我们谈话的那里。我与他方得第一次的交笑,日久了,总觉得他的活泼的兴致,天真的趣味,不要说与他相谈,即使在一旁听他与别人谈天也令人感到非常活泼生动。

他往游济南时正当炎夏。他的兴致真好,晚上九点多了,他一定要我领他去吃黄河鲤,时间晚了,好容易去吃过了,我实在觉得那微带泥土气息的鲤鱼没有什么异味,也许他是不常吃罢,虽像是不曾满足他的食欲上的幻想,却也啧啧称赞说:"大约是时候久了,若鲜的一定还可口!"饭后十点半了,他又要去逛大明湖。因为这一夜的月亮特别的清明,从城外跑到鹊华桥已是费了半个钟头,及至小船荡入芦苇荷盖的丛中去时已快近半夜。那时虚空中只有银月的清辉,湖上已没有很多的游人，间或从湖畔的楼上吹出一两声的笛韵，还有船板拖着厚密的芦叶索索地响。志摩卧在船上仰看着疏星明月，口里随意说几句话，谁能知道这位诗人在那样的景物中想些什么？不过他那种兴致飞动的神气，我至今记起来如在目前。

  从种种细微的举动上，越发能够明了他的志趣与他的胸襟。记得我们往游泰山的时候，清早上踏着草径中的清露，几乘山轿子把我们抬上去，走了一半，我们一同跳下来，只穿着小衫裤向陡峻的盘路上争着跑，跑不多时，志摩便从山壁上去采那一种不知名的红艳的野花。他渐渐地不走盘道了，一个人当先从峭壁上斜踏着大石往前去，他还向我们招手，意思说：来，来，敢冒险的我们要另辟一条路径！我同菊农也追上去，然而这冒险的路是不容易走的，没有石级，没有可以攀援的树木，全是突兀的石尖，刺衣的荆棘，上面又有毒热的太阳蒸炙着，没有一点荫蔽。别的人都喊着我们："下来，快回来！这不是玩的！"连走惯了山路的轿夫也喊："从那边走不上去，没有路呀！"志摩在前面很兴奋地走并不回答，上去了几丈，更难走，其结果菊农先退下来，我也没有勇气了回到盘道上面。我们眼看着志摩，从容地转过一个险高的山尖，便看不见他了。一些人都说危险危险！然而这时即使用力的喊叫他也听不见了，及我们乘轿子到玉皇顶时，可巧

王统照　悼志摩

他从那本是无路可上的山顶上也转了过来，我们不禁摇头佩服他的勇气！

泰山上的清晨与薄暮的光景，凡是到过的我想谁也赞美这大自然的伟大奇丽。尤其是夕阳西坠的绚彩。在泰山绝顶上观日出是惊奇、闪烁、艳丽；日落呢，却是深沉、迷荡、静息与散澹。那一片的美丽的云彩，吞吐着一个悬落的金球，在我们的足下，在无尽的平原的低处，他是恋恋着这已去未尽的时间，是辉耀着他的几散失的光明，那真是一幅不能描绘的图画。就在那时，志摩同我们披了棉衣（山上太冷了）在山顶上的晚风中静立着眺望，谁都不说什么。忽然他又得了他的诗人的启示，跑向尽西面一块斜面平滑的大石上蹲下身子，要往下爬去。泰山的绝顶是多高！除却山前面的石级之外，其他是没有正道的，那块大石的下面尽是向下斜出的石尖，若坠了下去恐怕来不及揪住一条藤葛，便直沉涧底。这可不比向上去爬山路，所以谁也说不可上去，石面太滑了。志摩却是天生好冒险，好寻求他的理想境界的人，他居然从上面慢慢地蹲上去，坐下，后来简直卧在上面，高喊着"胜利"。我们在一旁实在替他捏一把汗，然而他究竟能倚在绝壁的滑面大石上卧看落日，偿足他的好奇的兴趣，这正是："原是你的本分，野山人的胫踝，这荆棘的伤痛！且缓抚摩你的肢体，你的止境还远在那白云环拱处的山岭！"

也是:"是动,不论是什么性质,就是我的兴趣,我的灵感。是动就会催快我的呼吸,加添我的生命。"

志摩的这类句子的确是他自己的真感,理想,他的个性的挥发。我特地记下上面的几件小事来为他的诗句作注解。凡与他常处的朋友谁也能从他的不羁、活泼、勇往,与无论如何想实现其理想的性格上看得出来。至于他的无机心与孩子般的纯笃,已经他人说过,可以不多提了。

我相信一个真正的诗人,无论他的作品是冰块,是荆针,是毒药,是血汁,总之他的心没有一个不是有丰厚的同情,与理想的境界的追求的。志摩在文学方面的成绩,如创造相当的形式选择美丽的字句,这些工作都不是志摩得人同情的重要原因。他是诚恳地用种种方法诉说出他自己的愿望、思想、情感,自然,每一个文人都应如此,然而他的明快,与他的爽利、活泼的个性,表现在诗歌、散文里更容易使人体察得到。因为同情的丰厚,所以任何微末的事物都易引起他的关念、幻想,一点点风景的幽丽,足以值得他欢喜赞叹。一个诗人不止在这上面可以发展他的天才,然而根本上连这点点的真实都没有,如何能以写诗?有的诗人(不论新与旧)只是走狭隘的一路,欣悦自然的变化,忘却了人生的纠纷,有的又只着眼于实地的生活,缺少了灵奇微妙的幽感。志摩的诗是否在新诗中达到最成功的地步不必讲,然而我们打开他的三本诗集看去,是不是能将"灵海中啸响着伟大的波涛",与"几张油纸","三升米烧顿饭的事",并合成一团动人的真感,印在读者的心头?姑且无论他的风格,他的幻想的丰富,即此一点也足以成就他是"一位心最广而且最有希望的新诗人"了。

关于他的其他的追念不必多述了,我只记得十二年(一九二三年)的春日我到石虎胡同,他将新译的拜伦的 *On This Day I Complete My Thirty-sixth Year* 一首诗给我看,他自己很高兴地读给我听。想不到他也在三十六岁上死在党家庄的山下!他的死比起英国的三个少年诗人都死得惨,死得突兀!我回想那时光景不禁在胶扰的人生中感到生与死的无常!但他的死正是火光中爆开的一朵青莲,大海中翻腾起来的白浪,暴风雨中的一片彩虹的现影,足以在他的三十六年的生活史上添一层凄丽的闪光。他永远去追求"无穷的无穷",永远"在转瞬间消灭了踪影",永远"不稳在生命的道上感受孤立的恐慌",然而这层凄丽的闪光却也永远在他的朋友们的心中跃动!

(原载《片云集》,上海生活书店一九三四年十月版)

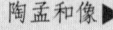陶孟和像▶

陶孟和:
我们所爱的朋友

我们谁也没有预料到活泼泼的,充满了生命的志摩,会这样地骤然地断送了他的性命,脱离了这个尘俗的世界,留下了无数的爱他、舍不了他的朋友。我们不仅没有预料,就是在这个不幸的、悲惨的消息千真万确地证实了以后,我们还是怀疑,总觉得不能相信,不,实在是不愿意相信。

咳!志摩这个人太灵活了,在我们的生命上太真实了。他在我们的生命里所造成的深刻的印象永远要清楚地存留在我们的意识里,不能消灭的了。他的惨剧的消息最初传到我

陶孟和　我们所爱的朋友

们的耳朵,不消说,是晴天的一个霹雳。他一时竟完全笼罩了国难的愁愤。我们惊愕得完全发昏了。活灵活现的志摩,我们再也不会见面,谈话,不会有尘世的物质的接触,实在不能想象。在他飞向南京的前一天,他还与我们做了三小时的有时趣味横生的、有时郑重的谈话;在他飞去以后,我们还天天渴望着他的归来,盼望他继续着他到北平后一年以来在我们朋友生活中,所添给的新的生命的兴趣。但是消息告诉我们说他已经不在人世了。

噩耗打得我们发昏,打得我们淌流热泪。但是我们还是不愿意相信。当关于他的噩耗接二连三地递到的时候,我们才认识造物的残暴,使志摩不能再回到人世。逼真的志摩竟被更逼真的飞机遇险所克服了。我们的意识里,不断地想象他的惨死,想象他的出乎意外的最后的一分钟或几十秒钟的苦痛及与死的挣扎,推论他的悲剧的意义,他的原因与结果。每一转念都是凄惨,都是伤感。但是我们的下意识里,还时时想念着活跃的志摩。他的笑声,他的伶俐的谈话,仿佛又打动了我们的耳鼓,他的白皙的有神气的面庞,他的特有的高凸的鼻子仿佛极清楚地映在我们的眼前。若在梦中,此种景象还可有较长时间的残留,好像是一时的安慰;若在白昼,则一刹那间,意识便要复辟,一切都化成了泡影。

志摩一去不复返了。他的躯体虽死,可是他的优美的人格,

吻火
朋友眼中的徐志摩

至少在对于他有亲密的认识的朋友中,永远留着深刻的不能泯没的痕迹。他的优美的人格曾燃照了他所来往的朋友的生命,曾增益了他们的生命上不少的可宝贵的经验。我们所要说的,不是志摩的文学的造诣,他的诗的风格,他的散文的美丽,他的用字的伶巧,这些自有专家来品题。我们所要说的,也不是志摩的谈吐的诙谐与趣味,他的议论的精彩,他的思想的敏锐,这些凡是与他有过一面之缘的都是不能轻易忘记的。我们现在所要特别提出的,乃是他的做人。

志摩是一个理想主义者。他的理想曾受了希腊主义的影响:求充分的完全的生命。他要在生命中求得最丰富的经验。他在寻求各种经验的时候,当然不是漫无取舍,当然不是对于一切经验,均待遇平等,他有他的一定的标准,一定的偏向。志摩不是一个哲学家的寻求理智,他是一个艺术家的寻求情感的满足。他所要求的是情感有所寄托,有所发泄,感觉得到舒服的刺激。感觉与情感既然是志摩生命的重心,所以他不得不时时在求兴奋。普通求兴奋的人常用物质的方法麻醉,但是情感界所需要的兴奋,却不是市上发售的麻醉剂所能奏效。麻醉剂的效用只是减少生命的活动,使他昏瞆、沉睡,甚而至于完全停顿。我们不能想象求丰富的生命经验的志摩会用麻醉的方法求满足。他所寻求的乃是时时变化的、继续的换花样的刺激。他的好访友,好倾谈,好读新的出版

陶孟和 我们所爱的朋友

物,好迁动,好号召朋友,好组织不拘形式的集会,无处不是他的寻求刺激的表现。至于他的欢喜航空——竟致送掉他的性命的航空——也只是要寻求他的生命上新的经验。

在他的不断的寻求刺激与兴奋之中,志摩似乎也常显露他的特别脾气。他所爱的是人生的美丽。他的态度可以说是哈代的对照。他咏哈代曾说:

> 为什么放着甜的不尝,
> 暖和的座儿不坐,
> 偏挑那阴凄的调儿唱,
> 辣味儿辣得口破。

——《猛虎集》一〇八页

正因为他自己所寻求的都是阳光、暖和、甜蜜、美丽,一切人生的美,他永远设法避开人生的丑陋,正如小儿避开相貌狰狞的偶像一般。他不单是怕看见丑陋或蠢笨——实在说人大概都是怕看见人生的这一方面的——他只是不看,不加理会。志摩不看人生的丑恶证明了他是一个不含糊的理想主义者。他所追求的是人生的美,所以他所惴惴不安的便是打破了他所追求的理想。他永远希望他所寻到的是神奇、新颖、奥妙、聪明、美丽,一切人生的宝贝,而不愿有与他们相反的出现；他更希望他所寻到的永远保持着他们的神奇、新颖、奥妙、聪明、美丽，而不愿他们露出使他失望的破绽；即使露出他也不看。幻灭不是志摩所能受的。

一个永远寻求新的兴奋的人当然最怕平凡。规则的生活与志摩的性格是格格不相人的。我们若想象志摩每天早晨拿着皮包到公事房，过衙署式的生活，晚间回家同老婆孩子相聚，过十九世纪的家庭生活，不特是滑稽之极，实在是亵渎了志摩的可爱的性格。这样无聊的、平庸的、缺乏生命兴味的存在只是伧夫俗子的份，没有志摩的。

我们说志摩的生命是求刺激，求美感，但是我们还应该说：他的生命是不断供给他的朋友们优美的印象与感觉。志摩的一生不是自我中心的取者，实在是十二分利他的予者。他追求人生的美，追求快乐，但是他到处显露他自己的美，造出快乐供识者的欣赏与采用。他的礼貌、举止、态度、言语，无处不与人以快感，他是一切人的朋友，我们难以想象有人会做他的仇敌。不相洽的性格或者不能认识志摩性格的真价值，但是他的春风的和煦，阳光的满照，凡是遇见他的，没有不觉得的。这便是他的真正的魔力。这个稀有的魔力这次引出多少朋友们的悲泣。

可惜的是人生的刺激究竟是有限的。他的朋友固然可以永远地从志摩得到人生的快感与安慰，但是他自己，敏锐的

陶孟和　我们所爱的朋友

感觉与浓厚的情绪,却不能永无停息地寻到兴奋的满足。年事日长,经验日增,任你是如何坚强的理想主义者,也要受幻灭的胁迫,与生命的陈腐。在今年八月间,他由上海寄来的一封信里,曾流露了这样的感觉:

　　年轻的时候还好些,什么事都在生长,每天可以得到新知识,每年得到新朋友。等到一进入了中年,虽不定是常言说的事事俱非,但生活范围的趋向狭窄,是不容易否认的。

　　咳!志摩的精神已经渐入老境了。这样的自白,在志摩的人生观,实在是再大没有的幻灭了。他所以要在他的已经丰富的生命经验上,再趁早多寻些新的兴奋。他这次向南的飞行与南京的小住,据他自己的报告,果然曾得到不少有价值的经验,航空的快适,名画的欣赏,朋友的会谈,都留给他快乐的痕迹。但是谁想到这次归途大惨剧竟将志摩在尘世上兴奋的寻求给戛然中断了呢?

　　济南号的出险结束了一个美的可爱的灵魂,但我们觉得我们生命上出现了不可弥补的真空,而这个卑污的世界消失了一个高贵的人格。

（原载一九三一年十二月八日《北平晨报·学园》）

韩湘眉像

韩湘眉：
志摩最后的一夜

志摩！你是永不回来的了。不由我们不相信，这最怕，像地狱那样黑的凶耗是真的了。这一阵冷透我们骨髓的厉风，吹来已是三星期，我们最后的，痴心妄想的希望，也终归泡影了。从此以后，我们悲哀所凝成的一团永不化的冰要与生俱存了。

我们坐在这曾经多次做过你卧室的房间，对着这一炉熊熊的火，心里却只有冰霜。想起你，未进门来，笑语先闻，一进门后，屋内顿时变态，连一桌一椅甚至于壁上挂的画，

韩湘眉　志摩最后的一夜

都从你得了特殊的生气。咳！我们不敢回忆,也不得不回忆,因为你在我们万料不到的时候,偷空去了。"长翅膀了"是你自己的话,撇下给我们的只有这回忆,你的风趣,足以醉人,犹如美酒。你的热闹的谈笑,比这一炉火更能御寒。你十八日的那夜是特别的活泼,特别的兴致好,天哪,谁料到那便是你一生最后的一夜！谁梦想到你在十二小时以内就归到那永不回头的家乡！

志摩！你是十一日由平南来的,那日我们同聚到送你上车回沪。十八日那天,你早车来宁,我们未接到你的信,下午不在家。那天天气极好,我同友人在明陵、灵谷寺一带游玩,及至返家,已是黄昏光景。到家后知道你已来过,就悔晚间又有约,一会儿,你的电话来了,知道你在何兢武家。

"是的,我来过了,晚上再来,我明天一定飞。"我怪你不写信,我们晚间有约。

你说:"你们早点回来,我十点钟在家等你们。"

我说:"你九点半就来,我们一定早回家。"志摩！我们若早想到这或是我们此生末次的叙会,那即是渥林缤诸神的宴会也不去了。现在呵！志摩！我们空留无穷的怅惘与懊丧。

你果是九点半左右到家的,那时两儿皆在梦中,你尚问起他们。你独自烘火,抽烟,喝茶,吃糖果。志摩！在你那独坐的当儿你想些什么？那时曾否从另一世界有消息传来？

吻火
朋友眼中的徐志摩

志摩！你曾否听见轻微的、遥远的声音呼唤你？你又同得你眷爱的"法国王"（猫名Dagobert）玩耍。它在你家住过两年，你说你常搂着它睡。我因你去北京，将它领回。每次你来，它总跳伏在你的怀里，可怜的猫，从此不用再想有那般温存它的人。随后杏佛来电话，你就邀他来家。我们回得家来，已是十点多钟。我们因赴此约，竟减短了末次与你相聚的时间。我们未进门，已听见你们的笑语声。一见面是何等的欢欣！你与我的信，曾有"见到你们如同见到幸福"，我们每次见你也就忘却了尘世的倦烦。你与歆，除了是天天见面，一别重逢便像两个孩子似的互相搂抱着。朋友中只有你能使他忘却天时人事的惆怅，显出那孩提般的心肠。志摩！你去了，我们精神上老了十年。

"志摩！我们来迟了，累你等候。"我说。

你说："我很舒服，烤火，吃糖，杏佛又来了。"

接着你又说："好，来来！我们继续讨论上次未完的题目。"

因十一日那夜我们曾谈论人生与恋爱。我们当时最注意的便是你的胖，因你十一那天过宁时与往常无甚差异，相隔不过一星期竟胖多了，长脸几乎变成圆脸了。歆海说，从认识你以来，未曾见你有那夜的胖。我说你定是在上海做Boo boy（小女言Good boy，乖孩子）吃得饱、睡得足的缘故。

韩湘眉　志摩最后的一夜

你说:"哪里,说起又该挨骂了,我这一星期平均每夜睡不到五个钟头。"

那是你因屋里热已将长袍脱去,这时再使我们注意的,是你穿的西装裤子。你虽然平时蓝得发绿的裤子也穿过,这半截的西装,在你身上却是绝无仅有的。这裤子你穿着又短又小,腰间尚破着一个窟窿,你还像螺旋似的转来转去,寻一根久已遗失的腰带,引得我们大笑。你说是临行仓促中不管好歹抓来穿上的。志摩!这是你末次给我们的一点康健的笑。志摩!此后我们怕是哭多笑少了。

接着你就交你带来的东西:有俞梅小姐的一件大衣,我第二天午后才差人送去,她收到衣服,你已与世长辞了!再就是你带与两儿的糖果,同你那天在金陵咖啡馆吃茶带回的糕饼。谁知他们的糕饼未吃完,他们的徐伯伯 Boo boy 已是永不能见面的了!可怜小易安(小女),她听见你在飞机里烧着了也哭泣不止,弟弟,你的"小傻子"只会问:"哭什么?哭什么?"

我们常说,只有摩可同时做祖、父、孙三代的朋友。想我这两儿长大,将来连徐伯伯也不认识,也不记得,就这一点已够人心伤!

你又说你会相手,你从前也曾说过,我们都拿出手来。你指着我们手里的细纹说:那是主智力的,那是主体气的,那是主生命的，你的生命线 lifeline 是特别的长，志摩！

说笑之间，我似忽有所感，我说："Suppose something happens tomorrow（明天出事怎样），志摩！"

你顽皮地笑着说："你怕我死么？"

我说："志摩！正经话，总是当心点的好。司机是中国人，还是外国人？"

你不留意地回答："不知道！没有关系，I always want to fly（我一向要飞的）。"

我以为那几天天气晴朗，宜于飞行。半晌我又说："你这次乘飞机，小曼说什么没有？"

你连笑带皮地说："小曼说，我若坐飞机死了，她做 merry widow（风流寡妇）。"

杏佛接嘴说："All widows are merry（凡是寡妇皆风流）。"我们都笑起来。

志摩！谁梦想得到！早知如此，我们一定用新麻绳将你捆起来，不许你动，锁在屋里，不让你出门！但你那酷爱自由，不惯束缚的灵魂！我们坐着谈笑，涉及朋友，涉及你此后北京的生活，涉及一把乱麻似的国事。不觉已是深夜，杏佛要走，你说："一同去吧！"平时你往北平，我每次请你致意朋友，这番竟一字不提，也算奇怪。

我们握着手话别，我说："杏佛还来，志摩是不常来

韩湘眉　志摩最后的一夜

的了！"

据杏佛说我那夜说此话时，连"常"字也掉了。他也并不以为奇怪，我却记不清了。

志摩！难道我的下意识知道那是我们末次的聚会么？我既问起飞机，为何不追究下去？我第二天为何不起早去送你？那天有雾也许可以把你劝回。从此我要天天问这永没有回答的问句了！

临行时候，杏佛在前。你转过头来，极温柔地，似长兄地，轻吻了我的左颊，谁想到这便是你永诀的表示了！悲哉！我与歆要送你们到大门，你们不许，我们各道晚安，我说："志摩！到了北京，即刻来信，免得我们挂心。"你答应着，我又说："Let us hear from you before the week is out（不出这星期就来信）。"你说："一定。"再便是汽车门关，汽车喇叭响，去了，可爱的志摩！永不回头！

你当晚回到何兢武家里住宿，你说因他家离飞机场近，你是那样怕赶不上那遭殃的飞机！你与何兢武的信，真"我此番飞机运亨通"之句！你喜坐飞机，当然是诗人的喜爱凌空驾虚，然而年来你奔南跑北，仍弄得一个青黄不接，所以更喜欢"揩油"，白坐！那阔人们置了飞机不坐，你却费了九牛二虎之力坐到一架要命不要钱的飞机！可爱的志摩！

我不必为你发牢骚，志摩！因为你从来不发牢骚，不怨

吻火
朋友眼中的徐志摩

天尤人,不与人计较短长,你超过这一切。然而你这几年来的生活,天晓得!是够你受的。你何尝没有雪莱《西风》(*Ode to the West Wind*)里的哭声:"I fall upon the thorns of life, I bleed(我跌倒在生命的荆棘里,我流鲜血)!"

我们的志摩!

但是的确,适之说得不错,只有你才配这样死,只有这样一个万想不到的、猛烈的、充满诗意的死才配我们的志摩。你那美妙的灵魂是坐着古以色列先知圣人 Eliyah(以利亚)的火车火马,千百天使拥护着直升上了那光明的所在。志摩!你已不忧不愁,不惆怅,不颓废,不听见人世的呻吟,再没有那"而视茫茫,而发苍苍"的时候。剩下我们哪!还叹息,还泪流,还捧着一颗破碎的心往冷风里送。志摩!你已是大自然的一部分,江上的清风,山中的明月,都映带着你的灵光。志摩!你是一首永不朽灭的、美妙的、伟大的诗!

二十一年(一九三二年)十二月十日于南京

(原载《新月》月刊一九三二年第四卷第一期)

◀方令孺像

● 方令孺
志摩是人人的朋友

再也没有什么比这个消息更惨烈！这真像是处在迷离的梦境，不信志摩会这样忽然失去！不管他是在天上融化，或是擗碎在岩石上，那情景只有他自己知道。唉，他带着人类所有的创痛去了！今后再看不见志摩，所有他的朋友，谁的心中不失去那孕育着的和谐的韵调？所有知道他的年轻人，谁不哀悼？只有志摩的心是永远同年轻人的心合拢，而以生命注挹的。

昨天下午在凌叔华家里，沈性仁、张奚若夫人同叔华都在座,大家都哀悼志摩。叔华说,几年前他们有一个快雪会,是在雪天里同很多朋友游西山,后来志摩做一篇文章纪游,叔华把他这篇文章抄到一个本子上,头一页上写一副对联(我不会背原文),意思是俯临高处看溪壑里的云雾的景致,上面戏题"志摩先生千古"。这次志摩将离北京的时候,叔华无意中给他看了,他还说,"哪就千古了呢?"谁知道竟成谶语!

他们都叹赞志摩有温存的性质,肯为朋友间的事尽心,并且他又是那样有兴致有毅力,能同世界的文艺活动衔接。张奚若夫人垂泪说:"我们这一群人里怎么能缺少他呢!"沈性仁黯然,说:"这都是造化的安排!"

那时候,房里已浸透了青蓝的光,半轮冷月挂在带几片残叶的树枝上,一阵乌鸦飞过,一室的人都沉默了。

"人事真是无常吗?"梦家来信这样伤感。我想去年在南京看见志摩,是比这时候早三个月的天气吧,记得虽然感到一点秋意,可是在葱茏的梧桐树上才缀上几片黄叶。有一天刚上灯的时候,梦家、玮德,同一个聪明的女孩子,在我家里等着志摩,一会他来了,穿一件灰色的长袍,那清俊的风致,使我立刻想到李长吉、杜牧之一班古代的诗人。我们登园后的高台,看河水印着暮云,志摩同我家老仆谈那一道古桥的历史。晚上我们都在橘子色灯光下围坐,志摩斜靠着沙发,在柔和的神态中,讲他在印度时的事。说,晚上睡在

方令孺　志摩是人人的朋友

床上看野兽在月光下丛林里乱跑，又有獐鹿绕着他卧床行走。那时候我们都忘记了自己——成年人的心——同孩子一样笑乐。门外有一架藤萝，他走的时候对我说："在冬天的夜里，你静静地听这藤萝花子爆裂的声音，会感到一种生命的力。"

其后我往来上海、北京，总是看见他有灵活的精神、不衰的兴致。对着他，这沉重的心减却份量！所以有一次我给玮德信上说，我们悄悄地看，志摩背上不是也蹁跹着一双小翅膀？想不到他真的在天上飞去！

志摩去了，第一的打击，是此刻新诗的前进！鸟瞰中国诗歌的变迁大势，新诗运动是现今颇重要的时期，志摩是这时期最起劲，而且号召有力的人，这就是因为他肯得吹喇叭，加以他自己的笙箫又吹得异常嘹亮，我常想，像他那样有无限无边的写作力，是因为他有一个不衰老的心，轻和的性格，同火热的情感。从自己心里烧出的生命，来照耀到别人的生命，在这种情态下吐出来的诗歌，才能感到灵活真诚。读志摩的诗，像对着壁炉里的柴火，看它闪出天矫上升的火焰，不像那些用电光照出的假火炭。读他的文章，使人想到佛经上所载的迦陵频伽共命之鸟，有彩色的羽毛，有和悦的声音，听的人没有不被他感动。现在再听不到他新颖的歌声！可是，不消灭的是他的心。藏在文字里，永远传给后人！

虽说在这衰颓的时候，在横蛮抑压底下，志摩是超脱了。

我相信，在那最后一刹那，他决没有想到地上，只惊叹着大自然的威猛。但是他的生存的朋友们，这黝黯的生活，谁再能给以激励！

一九三一年十一月二十二日

（原载《新月》月刊一九三二年第四卷第一期）

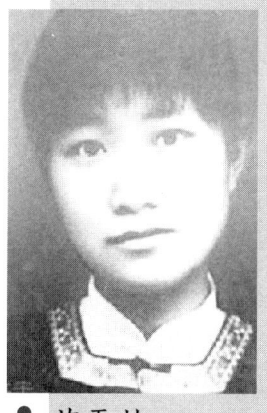

苏雪林像

苏雪林
我所认识的诗人徐志摩

写新诗态度谨严自闻一多始,写散文态度谨严自徐志摩始。

徐志摩,这位才气横溢,有如天马行空的诗人;这位活动文坛不过十年,竟留下许多永难磨灭的瑰丽果实的诗人;这位性情特别温厚,所到处,人们便被他吸引、胶固、凝结在一起,像一块大引铁磁石的诗人,竟于一九三一年十一月间,以所乘飞机失事,横死于泰山南面开山的高峰下,享年不过

吻火
朋友眼中的徐志摩

三十五岁。

当诗人的噩音传出,大江南北,皆为震动。他的朋友痛哭流涕,如丧至亲,固不必说;即仅读了点诗人作品而和他未谋一面者也咨嗟太息,泪下不能自已。一个人的死亡能引起这样重大的反应,倒也是很少有的。虽比不上一九六二年大家痛悼胡适之。

先生之丧的普遍与绵长,可是我们心中另有一种凄美的情绪,好像我们惋惜一朵正在盛开的奇葩忽被暴风雨所摧残,一颗光华四射的明珠,忽然沉沦碧海,永难再见。

记得我那时正就聘国立武汉大学不久,我的朋友袁兰子教授和诗人原有多年的友谊,以万分沉痛的心情写了篇悼文。我也写了一篇,文中曾以雪莱、拜伦、济慈来比拟这位天才的诗人,并套外国某诗人的话,说徐志摩这位诗哲,活着时像天空一道灿烂的长虹,死,则像平地一声春雷。

不过,我不比袁兰子与诗人相知之厚。我认识诗哲并不深,他在世时,我只见过他两面,而且也并未交谈一句话。一九二五年间,我在上海,与袁兰子攀上了交情,在她家里也偶尔认识了几个兰子留英时所结纳的朋友。记得有一次,那些留英同学在某高级酒店宴会,座中有诗哲徐志摩,兰子约我瞻仰瞻仰。那一晚我才认识了钦羡已久的诗人的庐山真面。他的形貌大概很像梁实秋先生所形容的:身躯是颀长

苏雪林　我所认识的诗人徐志摩

的,脸儿也是长长的,额角则高而广,皮肤白皙,鼻子颇大,嘴亦稍阔,但搭配在一起,却异常的和谐。那双炯炯发光的大眼,却好像蒙着一层朦胧的轻雾,永远带着迷离恍惚的神态。这正是一双诗人的眼睛。诗人虽生活于这个尘世里,他的灵魂却栖迟于我们永远不知道的梦幻之乡,或什么华严世界,所以如此吧。

诗人既禀赋着极高的文才,加之以这样矫矫出尘的外表,不知多少女郎为他倾心,视之为最高的择偶对象。记得女高师同学陈健吾女士自视至高,征婚条件非常苛刻,替她做媒而遭碰壁的朋友常愤愤地对她说:"你想必要像徐志摩一样的男人才能满意吗?可是徐志摩只有一个,爱慕他的女孩子却是不计其数,况且微闻他现在已有了意中人,我看你将来只好以'丫角'终老了,那时可不要懊悔!"这话是一九二四年间,我尚在法国里昂,健吾来法留学亲自对我说的,我们当时笑了一场。一九二二年,志摩才返国,在北京大学、清华大学、平民大学授课,兼主编《晨报副刊》,发表了许多诗作,才名藉甚。印度诗人泰戈尔来华讲演,又由他当翻译,在全国各地露面,真是红透了半边天。他那时虽已与原配张幼仪女士离婚,对陆小曼却尚未开始追求,或虽已追求,而形迹尚未外露,所以这个新诗坛的美男子,竟成了北平少女界的"大众情人"。读梁实秋的《谈徐志摩》,志摩给实秋的亲笔信件竟有某小姐为了这位诗人，单恋成疾，几离倩女之魂。诗人以"淑女枉自多情，使君既已有妇"谢之。也可见他当时魔力如何之大了。

第二次我得晤诗人是在苏州某女子中学。校长陈淑女士与志摩有点内亲关系，邀他来校讲演。我那时正在苏州，教授于东吴大学兼景海女师，陈校长先期约我去听。记得那天天气极冷，诗人穿了一件灰色绸子的棉袍，外罩一件深灰色外套，戴着阔边眼镜，风度翩翩，自有一种玉树临风之致。听说诗人讲演习惯，是挟着讲稿当众宣读的。平常人不会讲演，才照本宣科，诗人却说自己是模仿牛津大学的方式。他那天演讲是什么题目，事隔多年，今已不忆，横竖不出文学范围。诗人宣读讲稿时，有一种特别音调，好像是一阕旋律非常优美的音乐，不疾不徐，琮琤顿挫，有似风来林下，泉流石上，实在悦耳极了。

记得胡适之先生也擅长讲演，据他自己说对于此道着实下过一番苦功。我想徐志摩对于歌唱的原理，大概也曾苦心揣摩过，否则不会有那样突出的表现的。近年来，我也参加过几个文艺讲习会或诗歌朗诵会，一定要在夜间始能举行。讲演到中间，电灯忽然关熄，全场一片漆黑，然后点燃起幽幽的烛光，作家朗诵时，还要不时去弹一阕钢琴，几个女郎在旁歌唱。作家表演到热情处，还不时搓手顿脚，取巾频频

苏雪林　我所认识的诗人徐志摩

拭泪。听说这个叫作"艺术的整体"。其实，演讲者口才若真的好，是用不着玩这许多花样的。

志摩和原配张幼仪离异，而与有夫之妇陆小曼结婚，在今日原是司空见惯，在当时却算一件不平常的大事。老一辈的人对他们固深恶痛绝，青年人也不见得个个赞成。听说当志摩与小曼在北平举行婚礼之际，曾请他老师梁启超先生证婚，却被老师当着大众，给了他们一顿严厉的教训。任公事后写信与其女令娴，对于他心爱的门徒徐志摩尚系出于怜悯的善意，对于小曼则竟以"祸水""妖妇"看待。你看他说："我看他（指志摩）找得这样一个人做伴侣，怕他将来痛苦更无限，所以对于那个人（指小曼），当头给了一棒，免得将来把志摩弄死。"又说他爱志摩，怕他将遭灭顶之凶，要拉他一把。任公并说小曼离婚再嫁，为"不道德之极"。

后来徐志摩飞机失事死于泰山附近的高峰下，大家痛惜之余，又将这件事归罪于陆小曼。据我所听到的纷纭的传说：小曼本来是阔小姐出身，嫁了第一任丈夫王赓后，在北平是有名的交际花，挥金如土。嫁志摩后，因了有心跳头晕之症，每发或至昏厥，人劝她抽几筒鸦片，果稍愈，久之竟尔上瘾。而且跳舞、喝酒、唱戏，出入大公司购买东西，对于用钱还是不知节俭的。志摩为供奉这位娇妻起见，既在上海光华大学教书，又撰写诗文，翻译西洋名著，一月所获，据说也有千元上下。（均见梁实秋《谈志摩》所引磊庵在《联合报》副刊所发表的谈徐陆的文章）千元，在那个时候，是抵三个大学教授一月的收入三倍而有余，买米，以那时米价论，上好白米，也不过六元多一担，一千元便可买得一百五六十担，所以我以为这个数目恐有未确。不过他们家用若每月超过四五百元，也就不容易负荷了。胡适先生《追悼志摩》一文曾说志摩最近几年的生活，自己承认是失败的。又说他有《生活》一诗，以生活比作毒蛇脏腑所构成的冰冷、黏湿、黑暗无光的狭长甬道，你陷入以后，除了挣扎摸索着向前，更无退路。那时的情调果如胡先生所言"暗惨可怕"。

适之先生时已离开上海到北平做北大文学院的院长，就劝志摩到北大兼点功课，借此换换空气，同时对他经济也不无小补，志摩月底领了薪金，正好送到上海家里。因朋友在航空公司做事，送了张长期免票给他，谁知竟因此送了他宝贵的生命。假如他不为了家累太重，不至于这样南北奔波，不南北奔波，也不致有那次飞机之祸。而他家累之所以这样沉重，又为了陆小曼挥霍无度所致。幸而梁任公先生此时久归道山，否则老人家岂不以为"不幸而言中"了吗？我和陆小曼也曾见过一面，那是一九四九年战火烧近武汉，我避地上海，女作家赵清阁介绍我和小曼相见。她那时是住在翁瑞午家里。志摩逝世后，小曼穷无所归，依瑞午为活。我也不

苏雪林　我所认识的诗人徐志摩

知道翁瑞午是否有妻儿,总之,小曼住在他家里,发生同居关系是万难避免的事。小曼长年卧病,延见我们也是在病榻上。我记得她的脸色,白中泛青,头发也是蓬乱的,一口牙齿,脱落精光,也不另镶一副,牙龈也是黑黑的,可见毒瘾很深。不过病容虽这样憔悴,旧时丰韵,依稀尚在,款接我们,也颇温和有礼。翁瑞午站在她榻前,频频问茶问水,倒也像个痴情种子。听说瑞午系出世家,家中收藏古玩名书画甚富,拿点出去变卖变卖便是钱;同时还做点黑市生意,故此既供得起小曼的医药饮食,尚能替她缴付一笔很重的阿芙蓉税。

赵清阁于一九四一年间,编了一本《无题集》,所收均为当代女作家的文章,比张漱菡女士编《海燕集》还早五六年哩。那《无题集》收了我一篇《记抗战期内一段可笑的幻想》(现收畅流社出版的《归鸿集》内)。又收了小曼一篇小说《皇家饭店》,约两万字上下。当时一般批评是"描写细腻,技巧新颖",我读了也觉得很不错,觉得这个人是有相当文才。像陆小曼这样一个窈窕美艳的少妇,既熟娴英法语文,又能登台表演昆曲平剧,又能画点山水花卉,可说是多才多艺、玉貌兰心的人,怎能教人不爱;爱之而破坏中国风俗礼教的藩篱,非弄到手不可,也是势所必至、理有固然的;也是多少可以原谅的。

小曼后又出版《爱眉小札》,这是到台湾后所看见。其中都是志摩和小曼的情书。小曼的文字，虽似乎没有多少旧文学的根底，但清丽自然，别具一格。她虽以生活关系与翁瑞午同居，对志摩仍念念不忘。我和清阁去看望她的时候，见她桌上供着志摩遗照，前面摆着一小瓶鲜花。她一心想替志摩出个全集，许多书店都愿意为她发行。但以志摩尚有大批未曾发表的作品及日记等陷在某某几个人手里，无论如何，不肯归还，以致发行全集的事成为画饼。这几年，听说小曼也在上海病逝了，印全集的事当然更遥遥无期了。

现在以志摩表弟蒋复璁先生及老友梁实秋先生之努力，志摩全集即将在传记文学社发行，这真是文艺界的莫大喜讯。但不知那些勒扣在人手里的文件曾否合浦珠还，设其不然，则仍然是个缺憾。

我也不知志摩作品为什么会落入人家手中？人家又凭什么理由坚扣不还？若那些作品然尚在，则将来尚有面世之日，替志摩编全集的人来个"遗补"也就算事，只怕《幽闲鼓吹》所记一代鬼才李长吉大部分的诗歌被嫉恨他的人投诸溷厕，那就太煞风景，也太可惜了！

现在且来谈谈志摩的作品。志摩的第一部诗集名《志摩的诗》，出版于一九二五年夏间。我那时甫自法国里昂回到中国，阅报见此书在中华书局出版，写信去买了一部，那是一本中国书籍型式的出版物。深蓝色的封面和封底，丝线装

苏雪林　我所认识的诗人徐志摩

订，白纸浮签写着"志摩的诗"四个字，想必出于志摩的亲笔。内部书页用的是上等连史纸，印的字是仿宋体，古雅大方，十分可爱。我在法国时也常从同学处借阅国内新文学书籍，《晨报副刊》也能经常入目。志摩有些诗像《我所知道的康桥》等早经在海外拜读过，现在能读到他全部的作品，当然欣慰。可惜这部诗集不久便被人借去，索回时，托言遗失，道歉一番了事。一九二八年，此书改付新月书店发行，改成洋装本，里面的诗也删去不少，想到从前那本古香古色的版本，至今尚令我怀念不已。后来他又出版《翡冷翠的一夜》《猛虎集》《云游》几个诗集，我都购备过。抗战随校入川，许多书籍带不了，只好寄存某处，八年后复至原来寄书处取归，有几箱已饱白蚁之腹，志摩的集子当然也是只字无存。

"徐志摩一手奠定了新诗坛的基础"，说话的人是志摩的好友，但这句话以后却常常流露于反对派之口。于是本来是衷心的赞美，却变成了恶意的嘲讽。他们的意思是：哼，像徐志摩这样诗人在诗坛上本来毫无地位，现在却说他是曾奠定诗坛的基础，岂非滑天下之大稽吗？但是，我们假如摒除任何成见，将志摩对于新诗坛的贡献一为检讨，便将承认这句话并非过分的恭维。

"五四"后新诗的试作者是胡适之、谢冰心、郭沫若三人较为突出。胡先生是个"但开风气不为师"的人，他的诗集名为《尝试》,无非是想替新诗开辟一条道路,引导人们向那个园囿走进,自己并不想做那园囿的主人。况且诗之为物,"感情""幻想"等等为唯一要素,像胡先生那样一个头脑冷静、理性过于发达的哲学家,做诗人是不合条件的。冰心深受印度泰戈尔的影响,《春水》《繁星》两本诗集,以哲理融入诗中,句法又清隽可爱,难怪出版后风靡一时,不过她只能做十几字一首的小诗,而且千篇一体,从无变化,取径又未免太狭。郭沫若的《女神》,一意模仿西洋,并且不但多用西洋词汇,字里行间又嵌满了外国字,满纸鸢钉,非驴非马。而且他的诗大都是自由诗,自命豪雄,实则过于粗犷,至于那些二流以下的诗人像俞平伯、康白情、汪静之、成仿吾、王独清、钱杏邨……虽努力作诗,却都没有什么可观的成绩。直到一九二二年间,徐志摩自英伦返国,发表《康桥再会罢》《哀曼殊斐儿》等篇,其雄奇的气势,奢侈的想象,曼妙的情调,华丽的辞藻,既盖过了当时一般诗作,而且体裁又是崭新崭新的。既不像《尝试》那种不脱旧诗词格调的窠臼,也不像《女神》之剽窃惠特曼(Whitman,1819—1892,美国倡自由体的诗人)余绪,弄得鲁莽决裂,不可响迩,这当然要引起大家的惊奇,而产生中国新诗今日才真正诞生的感想。说"徐志摩一手奠定新诗坛的基础",这句话是一毫也不错的。

　　志摩诗的体裁变化多而极速。他今日发表一首诗是一种

苏雪林　我所认识的诗人徐志摩

格式,明日又是一种了,后日又是一种了,你想模仿他已模仿不了,所以我曾戏说别人是用两只脚走路,他却是长着翅膀飞的。据他的朋友陈西滢替他第一部诗集《志摩的诗》的体制做过一种统计:计有"散文诗""自由诗""无韵体诗""骈句韵体""奇偶韵体""章韵体"等。(这里所谓"骈句韵""奇偶韵"都是西洋诗的用韵法,与我国旧诗骈句对偶不同)

志摩后来成为新月诗派的台柱。他以前虽也作些散文诗、自由诗,后来却倡议新诗须有格律,大家讥笑说这是豆腐干块,遂名之为"方块诗";又说新诗正从格律谨严的旧诗体中解放出来而获得自由,现在又讲什么格律,不是又给自己加上脚镣手铐吗?新月派却回答说:"我们正要戴着镣铐跳舞。戴着镣铐跳舞而能跳得好,那才显出诗人的本领!"

志摩的散文我也异常欢喜。第一部散文集子《自剖》里面便有许多令人百读不厌的好文章。还有《落叶》《轮盘》《巴黎鳞爪》我也曾拥有过,可惜也和志摩那些诗集一样,喂了那可恶的瞎眼虫子!

志摩是个写散文的能手。我曾说过:写新诗态度谨严自闻一多始,写散文态度谨严自徐志摩始。志摩在《轮盘集》里自序说:"我敢说我确是有愿心想把文章当文章写的一个人。"他又提出西洋散文家如 G. Moor, W. H. Hudson 等人的作品,说道:"这才是文章,文章是要这样写,完美的字句，表达完美的意境。高抑列奇界说诗是'Best words in best order'，但那样的散文，何尝不是'Best words in best order'。他们把散文做成一种独立的艺术，他们是魔术家。在他们的笔下，没有一个字不是活的。他们能把古奥的字变成新鲜，粗俗的雅驯，生硬的灵活。"这话正可说是志摩的自赞。

志摩唯一戏剧集《卞昆冈》听说是和陆小曼合著的。据说全戏结构虽出之志摩之手，故事大纲则出于小曼，对话之国语化，也是小曼的功劳，因此此剧就等于他夫妇合作的产品了。这剧据余上沅的批评谓富于意大利的戏剧氛围。他说道："从近代意大利戏剧里，我们看得见诗同戏剧的密切关系，我们看得出他们能够领略人生的奥秘，并且火焰般把它宣达出来……在有意无意之间，作者怕免不了'死城'和'海市蜃楼'一类的影响吧……其实志摩根本上是个诗人，这也是在《卞昆冈》里处处流露出来的，我们且看它字句的工整，看它音节的自然，看它想象的丰富，看它人物的选择……"

不过，我承认我对戏剧的低能，对于《卞昆冈》这个戏剧实不知欣赏。其缘故便是诗人不该处处把诗放在粗人口中来说。像剧中主角卞昆冈是个石工，老周是个算命瞎子，而他们说的话居然诗趣洋溢，哲理高深，甚至高级知识分子都无法说得出，只有志摩自己这样的诗人才能，这不是太不自

苏雪林　我所认识的诗人徐志摩

然吗?

诗人以三十五岁之盛年而竟以一场横祸脱离人世,原是文艺界莫大的损失。但是早死在他个人也未必为不幸,因为人们对他的惋惜与哀悼,反会因此而加深。前日读到一篇题为《夭亡》的文章,早死的诗人如雪莱、拜伦,在人们记忆里永远是个年轻的影子,悼惜之情比对头童齿豁者自然不同。我以为这话也颇有道理。况且"世间好物不坚牢,彩云易散琉璃脆",一个天才诗人在这红尘世界本来难于久留,他留下那一闪光亮,便是照耀永世的人心了。记得诗人曾有这样一首诗道:

我是天空里的一片云,
偶尔投影在你的波心——
你不必讶异,
更无须欢喜,
在转瞬间消灭了踪影。

你我相逢在黑暗的海上,
你有你的,我有我的,方向;
你记得也好,
最好你忘掉,

在这交会时互放的光亮!

（选自《苏雪林自选集》，台湾黎明文化事业股份有限公司一九七七年版）

◀苏雪林像

苏雪林
北风——纪念诗人徐志摩

天是这样低,云是这样黯淡,耳畔只听得北风呼呼吹着,似海潮,似海啸,似整个大地在簸摇动荡。隔着玻璃向窗外一望,哦,奇景,无数枯叶在风里涡旋着,飞散着,带着癫狂的醉态在天空里跳舞着,一霎时又纷纷下坠。瓦上,路旁,沟底,狼藉满眼,好像天公高兴,忽然下了一阵黄雨!

树林在风里战栗,发出凄厉的悲号,但是在不可抵抗的命运中,它们已失去了最后的美丽,最后的菁华,最后的生意。完了,一切都完了!什么青葱茂盛,只留下灰黯的枯枝一片。

鸟的歌，花的香，虹的彩，夕阳的金色，空翠的疏爽……都消灭于鸿蒙之境。这有什么法想？你知道，现在是"毁坏"统治着世界。

对于这北风的猖狂，我蓦然神游于数千里外的东北，那里，有十几座繁荣的城市，有几千万生灵，有快乐逍遥的世外仙源岁月，一夜来了一阵狂暴的风——一阵像今日卷着黄叶的风——这些，便立刻化为一堆破残的梦影了！那还不过是一个起点，那风，不久就由北而南，由东而西，向我们蓬蓬卷地而来，如大块噫气，如万窍怒号，眼见得我们的光荣、独立、希望、幸福，也都要像这些残叶一般，随着五千年历史，在恶魔巨翅鼓荡下归于消灭！

有人说，有盛必有衰，有兴必有废，这是自然的定律。世无不死之人，也无不亡之国，不灭之种族。你试到尼罗河畔蒙菲司的故地去旅行一趟。啊！你看，那文明古国，现在怎样？当时 Cheops、Hephren、Mycerinus 各大帝糜费海水似的金钱，鞭挞数百万人民，建筑他们永久寝宫的金字塔时是何等荣华，何等富贵，何等煊赫的威势。现在除了那斜日中，闪着玫瑰色光的三角形外，他们都不知哪里去了！高四四米突广一一五米突的 Ammon 大庙，只遗下几根莲花柱头，几座残破石刻，更不见旧日的庄严突兀，金碧辉煌！那响彻沙漠的驼铃，喀嚅在棕榈叶底的晚风，单调的阿拉伯人牧笛，虽

苏雪林　北风——纪念诗人徐志摩

偶尔告诉你过去光荣的故事，带着无限凄凉悲咽，而那伴着最大的金字塔的 Giseh，有名的司芬克斯，从前最喜把谜给人猜，如今静坐冷月光中，永远不开口，脸上永远浮着神秘的微笑，好像在说这个"宇宙的谜"连我也猜不透。

你再试到幼发拉底斯、底格里斯两河流域间参观一次，你将什么都看不见，只见无边无际的荒原展开在强烈炫人的热带阳光下。世界文化摇篮——美索波达尼亚——再不肯供给人们以丰富的天产；巴比伦、尼尼微再不生英雄美人，贤才奇士；死海再不起波澜；汉谟拉比的法典已埋入地中；亚述的铁马金戈，也只成了古史上英豪的插话。那世界七大工程之一的悬空花园，那高耸云汉的七星庙，也只剩了一片颓垣断瓦，蔓草荒烟！

试问你希腊罗马，秦皇汉武，谁都不是这样收场呢？你要知道，自从这世界开幕以来，已不知换了多少角色，表现无数场的戏。我们上台后或悲剧，或喜剧，或不悲不喜剧，粉墨登场，离合欢悲地闹一阵，照例到后台休息，让别人上来表演。我们中华民族已经有了那么久长的生命，已经向世界贡献过那样伟大的文化，菁华已竭，照例褰裳去之，现在便宣告下台，也不算什么奇事，难道我们是上帝赋以特权的民族，应当永久占据这个世界的吗？

这话未尝不对，但是……

吻火
朋友眼中的徐志摩

我正在悠悠渺渺胡思乱想的时候，忽听有叩门的声音，原来是校役送上袁兰子写来的一封信。信中附有一篇新著，题曰《毁灭》，纪念新近在济南飞机遇难的诗人徐志摩。她教我也作一篇纪念文字。

自数日前听见诗人的噩耗以来，兰子非常悲痛，和诗人相厚的人也个个伤心。但看着别人嗟叹溅泪，我却一味怀疑，疑心诗人并未死——死者是别人，不是他。他也许厌倦这个世界，借此归隐去了。你们在这里流泪，他许在那里冷笑，因为我不相信那样的人也会死，那样伟大的精神也是物质所能毁灭的。不过感情使我不相信他死，理性却使我相信他已不复生存了。于是我为这件事也有几个晚上睡不安稳，一心惋惜中国文学界的损失！

我和诗人虽无何等友谊，对于他却十分钦佩。我爱读他的作品，尤其是他的散文。我常学着朱熹批评陆放翁的口气说他道："近代惟此人有诗人风致。"现在听了他遭了不幸，确想说几句话，表示我此刻内心的情绪。但是，既不能就怀旧之点来发挥，又不能过于离开追悼的范围说话，这篇文章应当如何下笔呢？再三思索，才想起了对于诗人的一个回忆。好，就在这个回忆里来追捉诗人的声音笑貌吧……

距今二年前，我住在上海，和兰子日夕过从，有时也偶尔参与她朋友的集会。第一次我会见诗人是在张家花园。胡

苏雪林　北风——纪念诗人徐志摩

适之、梁实秋、潘光旦、张君劢都在座。聚会的时间很匆促，何况座客又多，我的目力又不济，过后，诗人的脸长脸短，我都记不清楚。第二次，我会见诗人是在苏州。一天，二女中校长陈淑先生打电话来说请了徐志摩先生今日上午九点钟莅校演讲，叫我务必早些到场。那时虽是二月天气，却刮着风，下着疏疏的雨，气候之冷和今天差不了许多。我到二女中后，便在校长室中，和陈校长、曹养吾先生三人，等待诗人的来到。可是时间先生似乎同人开玩笑：一秒、一分、一刻过去了，一点过去了，两点也过去了，诗人尚姗姗其来迟。大家都有些不耐烦，怕那照例误点的火车又在途中瞌睡，我们预期的耳福终不能补偿。何况风阵阵加暴。寒暑表的水银刻刻往下降，我出门时，衣服穿得太少，支不住那冷气的侵袭，冻得发抖，只想回家去。幸而陈校长再三留我，说火车也许在十一点到站，不如再等待一下。我们只好忍耐地坐着，想出些闲谈来消磨那可厌的时光。忽然门房报进来说，徐志摩先生到了。我们顿觉精神一振，竟不觉手舞足蹈，好像上了岸干巴巴喘着气的鱼，又被掷下了水，舒鳍摆尾，恨不得打几个旋，激起几个水花，来写出它那时的快乐！

我记得诗人那天穿着一件青灰色湖绉面的皮袍，外罩一件中国式的大袖子外套。三四小时旅程的疲乏，使他那双炯炯发亮、专一追逐幻想的眼睛，长长的安着高高鼻子的脸，带着一点惺忪睡意。他向陈校长道迟到的歉,但他又说那不是他的罪过,是火车的罪过。

学生鱼贯地进了大礼堂。我们伴着诗人随后进去。校长致了介绍词后,诗人在热烈掌声中上了讲坛了。那天他所讲的是关于女子与文学的问题。这是特别为二女中学生预备的。

他从大衣袋里掏出一大卷稿子,庄严地开始诵读。到一个中等学校演讲,又不是莅临国会,也值得这么的预备。一个讽嘲的思想钻进我的脑筋,我有点想笑。但再用心一听便听出他演讲的好处来了。他诵读时开头声调很低,很平,要你极力侧着耳朵才能听见。以后,他那音乐一般的调子,便渐渐地升起了,生出无限抑扬顿挫了,他那博大的人格,真率的性情,诗人的天分,都在那一声一韵中流露出来了。这好似一股清泉起初在石缝中艰难地、幽咽地流着,一得地势,便滔滔汩汩,一泻千里。又如他译的济慈《夜莺歌》,夜莺引吭试腔时,有些涩,有些不大自然,随即一声高似一声,无限变化的音调,把你引到大海上,把你引到深山中,把你引到意大利蔚蓝天宇下,把你引到南国苍翠的葡萄园里,使你看见琥珀杯中的美酒,艳艳泛着红光,酡颜的青年男女在春风中捉对跳舞……

他的辞藻真繁富,真复杂,真多变化,好像青春大泽,万卉初葩,好像海市蜃楼,瞬息起灭,但难得他把它们安排

苏雪林　北风——纪念诗人徐志摩

得那样和谐,柔和中有力,浓厚中有淡泊,鲜明中有素雅。你夏夜仰看天空,无数星斗撩得你眼花缭乱,其实每颗的距离都有数万万里,都有一定不错的行躔。

若说诗人的言语就是他的诗文,不如说他的诗文就是他的言语。我曾说韩退之以文为诗,苏东坡以诗为词,徐志摩以言语为文字,今天证明自己的话了。但言语是活的,写到纸上便滞了、死了。志摩的文字虽佳,却还不如他的言语——特别是诵读自己作品时的言语。朋友,假如你读尽了诗人的作品,却不曾听过诗人的言语,你不算知道徐志摩!

一个半钟头坐在空洞洞的大礼堂里,衣服过单的我,手脚都发僵了,全身更在簌簌地打战了,但是,当那银钟般的声音在我耳边响着时,我的灵魂便像躺上一张梦的网,摇摆在野花香气里,和筛着金阳光的绿叶影中,轻柔,飘忽,恬静,我简直像喝了醇酒般醉了。这才理会得"温如挟纩"的一句古话。

风定了,寒鸦的叫声带着晚来的雪意,天色更暗下来了。茶已无温,炉中余炭已成了星星残烬,我的心绪也更显得无聊寂寞。我拿起兰子的《毁灭》再读一遍。一篇绝妙的散文,不,一首绝妙的诗,竟有些像诗人平日的笔意,这样文字真配纪念志摩了。我的应当怎样写呢?

当我两眼痴痴地望着窗前乱舞的黄叶时,不由得又想:

国难临头，四万万人都将死无葬身之所，我们哪能还为诗人悲悼？况我已想到国家有亡时，种族有灭日，那么，个人寿数的修短，更何必置之念中？

况早死也未尝不幸。王勃、李贺、拜伦、雪莱，还有许多天才都在英年殂谢，而且我们在这样的时代，使活到齿豁头童有何意味？兰子说诗人像一颗彗星，不错，他在世三十六年的短短的岁月，已经表现文学上惊人的成功，最后在天空中一闪，便收了他永久的光芒，他这生命是何等的神妙！何等的有意义！

"生时如虹，死时如雷"，诗人的灵魂，你带着这样光荣上天去了。我们这个拥有五千年历史的伟大民族，灭亡时，竟不洒一滴血，不流一颗泪，更不做一丝挣扎，只像猪羊似的成群走进屠场么？不，太阳在苍穹里奔走一整天，西坠时还闪射半天血光似的霞彩，我们也应当有这么一个悲壮的收局！

（原载《青鸟集》，商务印书馆一九三八年版）

◀梁遇春像

● 梁遇春
吻 火

有一天晚上,他拿着一根纸烟向一位朋友点燃的纸烟取火。他说道:"Kissing the fire",这句话可以代表他对于人生的态度。

回想起志摩先生,我记得最清楚的是他那双银灰色的眸子。其实他的眸子当然不是银灰色的,可是我每次看见他那种惊奇的眼神,好像正在猜人生的谜,又好像正在一页一页揭开宇宙的神秘,我就觉得他的眼睛真带了一些银灰色。他

吻火
朋友眼中的徐志摩

的眼睛又有点像希腊雕像那两片光滑的、仿佛含有无穷情调的眼睛,我所说银灰色的感觉也就是这个意思吧。

他好像时时刻刻都在惊奇着。人世的悲欢,自然的美景,以及日常的琐事,他都觉得是很古怪的,从来没有看见过的,完全出乎意料之外的。所以他天天都是那么有兴致,就是说出悲哀的话的时候,也不是垂头丧气,厌倦于一切了,却是发现了一朵"恶之花",在那儿惊奇着。

三年前,在上海的时候,有一天晚上,他拿着一根纸烟向一位朋友点燃的纸烟取火,他说道:"Kissing the fire",这句话可以代表他对于人生的态度。人世的经验好比是一团火,许多人都是敬鬼神而远之,隔江观火,拿出冷酷的心境去估量一切,不敢投身到轰轰烈烈的火焰里去,因此过个暗淡的生活,简直没有一点的光辉,数十年的光阴,就在计算怎么样才会不上当里面消逝去了,结果上了个大当。他却肯亲自吻这团生龙活虎般的烈火,火光一照,化腐臭为神奇,遍地开满了春花,难怪他天天惊异着,难怪他的眼睛跟希腊雕像的眼睛相似,希腊人的生活就是像他这样吻着人生的火,歌唱出人生的神奇。

这一回在半空中他对于人世的火焰作最后的一吻了。

(原载《泪与笑》,开明书店一九三四年版)

◀吴宓像

吴宓
徐志摩与雪莱

凡是受过雪莱影响，身历人生的困苦的人，谁不为志摩同情而哀悼呢？

在《宇宙风》第八期中，读了郁达夫先生《怀念四十岁的志摩》一文，使我十分感动。郁先生本着"惺惺惜惺惺"的意思，说："情热的人，当然是不能取悦于社会，周旋于家室，更或至于不善用这热情的。"所以，"伤悼志摩，或者也就是变相的自悼吧！"其实，古今东西的文人诗人，凡

吻火
朋友眼中的徐志摩

是哀悼之作，无非指出那人（惨死者）与我（作者）中间性情行事遭遇的一二共同之点。既主观而又客观，虽自悼亦是悼人。如此方是真诚的哀悼，不是应酬敷衍趋附声光；如此方是自己说自己心中的话，不是强文就题堆砌词句。自然，人与人不能全同，但上文所云"一二共同之点"最关重要，如其恰是此人与彼人性情行事遭遇之中心扼要之处，则哀悼之作必有可称，末节与表面之差异，不必论矣。

《二十今人志》中《徐志摩传》的作者，以志摩比拟雪莱，最为确当。凡是志摩相识友人，亦莫不将志摩认作雪莱。（我觉得，另一位朋友，陈逵，字弼猷，更像雪莱，容另述）而志摩与我中间的关键枢纽，也可以说介绍人，正是雪莱。如果有人肯翻读我那本文言旧诗集（编者按：指《吴宓诗集》，中华书局出版），不难详知一切。现在只说关于志摩的几件事。

我少时最喜读浪漫诗人的作品。及至转学到哈佛大学，那时正当美国参加欧战，在校学生较少。我选了 J. L. Lowes 教授的"英国浪漫诗人"一门功课。班中学生仅五人：一美国少年，一英籍中年妇人，一黑人，一日本人，一即中国之我。教授遂命学生各取英国浪漫诗人之一，读其全集，并参读其同时人、后世人与此诗人有关之各种文章记载。我便选定了雪莱。于是此一年中，我便和雪莱结了甚深的因缘。儒家说：君子当慎其所发。佛经云：寄语众生，慎勿造因。（我的贤

吴宓　徐志摩与雪莱

明仁慈的父亲,恒举此二语以训我)然而人生在世(除非自杀寂灭),无时无刻不在造因。欲不造因,其曷能得?或善或恶,非彼即此。苦乐得失,孰能预知?友敌褒贬,只有忍受。无意造因,且必食果。离缘得真,有身即累。哀彼雪莱,哀彼志摩!……我那时沉酣于雪莱诗集中,虽然同时上着白璧德师的"文学批评"课,以此因缘,便造成我后来感情生活中许多波折。直至十数年后,我身到了牛津大学,亲见雪莱的遗像遗物遗址,于是抚今追昔,溯源穷变,作成了以下的三首诗(录二):

(一)少读雪莱诗,一往心向慕。理想入玄冥,热情生迷误。淑世自辛勤,兼爱无新故。解衣赠贫寒,离婚偕知遇。至诚能感人,庸德或失度。暴乱岂终极,风习仍闭锢。到处炭投冰,徒令丹非素。天马绝尘驰,驽骀惭跬步。

(二)君身有仙骨,容色何韶秀,急盼若不宁,坐此非长寿。君诗妙音节,凄婉天乐奏,流动变态多,月露风云逗。君爱如赤子,求乳母怀就,灯蛾身自焚,列星灿如豆。君名似水清,长流同宇宙,狂童遭斥革,殊荣国学授。

二诗,每句每字皆有材料,皆有事实,此诗一面凭吊雪莱,一面感伤我自己——亦可完全移赠志摩。不过,那时志摩尚

吻火
朋友眼中的徐志摩

在人间。若在一九三一年十一月以后，如果志摩的朋友们，细细读我此诗，完全当作志摩的挽诗读，必定觉得十分适当贴切的了。

言归正传，当我研读雪莱之时，我住在哈佛大学宿舍 Thayer Halt 三十五号室。同房的，是尹寰枢君（字任先），是中国国防会的副会长；我们的住室，便是国防会办公和职员会议的地方。我那时十分爱国，日夕劳忙，和郑莱、陈宏振等一般朋友，帮助尹君办理会务：一面又要打电报到巴黎阻止中国和会代表签字；一面又要在美国报上写登文章；一面又要参与中国留美学生会的事情，讨论某案，弹劾某人。真是忙个不休，十分起劲……就在那时，我初和志摩认识。一日，有克拉克大学的两位中国学生，来加入国防会：其一位李济（济之）；另一位便是徐章，字志摩。照例签名注册之后，大家便畅谈国事和外交政治等。以后还会见过几次，所谈仍不出此范围。不久，听说志摩便到欧洲去了。今按志摩诗集中《康桥再会罢》一诗，是为英国剑桥大学作的。英国的 Cambridge，普通的译名是剑桥，不是康桥。志摩采用此名，一定是因为那时在美国波士顿一带的中国学生们，都把哈佛大学所在地的 Cambridge 译作康桥，于是沿用到大西洋那一边去。这也是关于志摩的诗的一个小小考证！

回到中国之后，在南京，在北京，在清华，也曾会见过

吴宓　徐志摩与雪莱

志摩,但是次数不多。在我与志摩中间的作连索的公共朋友,当时是张歆海君;志摩殁后,则为方玮德君。我的日记中,有这样的一段:

(一九二六年)十月三日,星期(日)。……下午二时半(由西城)至北海公园门口,待R. Winter及楼光来君如约至,乃同入,至董事会,祝徐志摩君与陆小曼女士结婚之礼。梁任公先生致训辞,言离婚者应郑重将事,为世人之榜样云云。遇相识人士极多。又得读钱稻孙君所译但丁新生(Vita Nuova)二曲,以为贺礼者。五时,礼毕。叶崇智君邀同Winter至王府井大街一五一公司楼上茗叙。二君于美国现代文学极熟,论述滔滔,予多不知,殊愧。……是日为孔子圣诞。

此即所谓"曾逢琼岛鸳鸯社"也。

志摩遇难时,我止担任着天津《大公报·文学副刊》(不是《文艺副刊》)编辑,便立刻叶公超君(崇智)撰一哀悼文,题为《志摩的风趣》,于那年(一九三一年)十一月三十日登出。接着,十二月六日,"其友人之在北平者,为开追悼会于北京大学第二院礼堂。是晨,予将赴会,乘车过金鳌玉𬟽桥,念民国十五年(一九二六年)十月徐君与陆女士结婚于此处,不胜悲感"。于是在会场中便作成挽诗一首。会散后,赶忙到对门的景山书社,借用他们的纸笔和地方,将诗写出,投寄《北平晨报》。诗云:牛津花国几经巡,檀德雪莱仰素因。殉道殉情完世业,依新依旧共诗神。曾逢琼岛鸳鸯社,忍忆开山火焰尘。万古云霄留片影,欢愉潇洒性灵真。

十二月十四日的《文学副刊》,算是追悼这位遇难的诗人;胡适君的《狮子》一诗,是征求来的。但是,笔战从此开始了。杨丙辰君投来《大诗人、天才徐志摩和他的朋友们》一文,内容思想确是充实,大意说志摩不能与世界第一等诗人比肩,朋友把他称赞得太过了。杨君又说:

但是只知求爱求美求自由,而无一种真挚坚贞的性格,高尚伟大的思想,为这爱、美、自由的全盘的基础,那他的爱焉能不是一种轻薄的爱,他的美焉能不是一种虚浮的美,他的自由焉能不是一种假的自由。

由我的理智看来,此实精到之论。然而杨君责备志摩离婚等等都是"好玩",凡是受过雪莱影响,身历人生的困苦的人,谁不为志摩同情而哀悼呢?我个人心中确是袒护志摩;然而编辑的天职,遇有好文章,必须以公平的态度急为刊登。我一生处处感受 love(所欲为)与 duty(所当为)的冲突,使我十分痛苦,结果,我便于一九三二年一月十一日的《文副》

吴宓　徐志摩与雪莱

中,登出杨君之文;同时又登出方玮德君《再谈志摩》的一封信——是赞美志摩的。玮德信中有云:

> 吴宓先生有悼志摩诗一律,其后序大意云:志摩善于西洋诗之格律入语体诗,而余则以之运用于中国旧诗中。盖志摩与吴先生之方法与意见全不相同,而其态度则一。夫文学本无分新旧,实质之美亦无须视乎语体与文言。志摩之诗才,使其专为旧诗,当不在杜牧之王渔洋下。……盖志摩之为人,和平简易,待人以诚,而淡于功利,本有线装书气息也。

这封信,可算是我与玮德友谊的起始。我便于一月十八日的《文副》中,答复玮德,并详述我对于诗的意见(此复函,今收入《吴宓诗集》卷)。且说,有一位韩文佑君,是清华我班上的学生,其人多情多感,看见杨君那篇文章之后,立刻跑到我的房中,泪落声嘶的,责问我何忍心登出杨君之文。我赶忙安慰他,并请他快快去写一篇为志摩辩护的文章来。韩君的文章,还有二三位的文章,大都是赞美志摩的,在以下数期的《文副》中接连登出了。

志摩逝世的一周年到了。那时方玮德已经北来,成为我的知友,便写了《志摩怎样了》一文,登在一九三二年十一月十四日的大公报《文副》中。

吻火
朋友眼中的徐志摩

志摩逝世的三周年到了。那三年之中,如许的变迁,难忘的痛苦,在我们的生活中!我于是情不自禁地,作了一首《再挽徐志摩》的诗:

君亡三载我犹存!异道同悲付世论。碎骨红颜知己泪,呕心诗卷爪泥痕。名山路险轻孤注,情海冤深甚覆盆。离合是非都不省,明星灿灿远天繁。

末句自注云:"用雪莱诗意"。原来我初读雪莱集之时,我最爱他的 *Revolt of Islam* 长诗的献辞(Dedication)共十四首。直到一九二八年秋,方才译出其中第一首:

长夏事已完,归来重对汝。玛丽吾所欢,此心有寄处。譬彼仙侠客,奏凯诣后所。俘获颇足珍,魔官辉锦炬。吾名尚未立,愿念常惭沮。美彼众星光,拨云照寰宇。初出但织织,颇欲事遐举。吾名与君合,君能毋我拒?智慧兼爱情,生君非凡侣。

我的《再挽徐志摩》诗的末句,即用此诗的意思。雪莱呢,不必说,他的一切大家都知道。志摩呢,又已如此如此,长眠三载矣。玮德呢,这时在病中。我呢?我的 Harriet 幸未

吴宓　徐志摩与雪莱

投河自尽；我所追求眷恋的 Mary，却未成为 Mrs. Shelley；我也有我的 Jane Willams（见《吴宓诗集》卷十一插像）；我也有我的 Emilia Viviani（见《吴宓诗集》卷十二插像，以上并参读集中之诗）。是的，种种都合适，只是我的 Mary 未免使我失望。我的痛苦，自然是我所自造，应当自己负责，不错。但是，我何能比志摩，遑论雪莱。我哭志摩便是哭我自己，这也是毋庸隐讳的了。

志摩逝世的三周年，我所主编的《文学副刊》（不是文艺），早已不复存在！近年只有玮德知我；只有他了解（所以最爱读）我再挽徐志摩的诗。于是玮德便将此诗替我送给《北平晨报》，在那个不幸的纪念日登出了。

末路途穷，急转直下，不几日，便到了一九三五年。我的生活史，一部《浮华世界》（*Vanity Fair*），或是一部《老妇谭》（*Old Wives Tale*），业已撰作到最末的一章。这年二月中下旬，我仍在《北平晨报》中，发表了我新作的《忏情诗》三十八首。这是我自认又质实，又空灵；但却因此引起无穷的责难与谤毁！《忏情诗》第五首云：

卓志奇情慕雪莱，鸳湖艳侣未同陪。收场老妇谭遗事，听唱中郎最可哀。

可怜我要学雪莱，却是如何的结果？我被那赵家庄里的

吻火
朋友眼中的徐志摩

负鼓盲翁且唱且说地编派作《琵琶记》里忘情负义的蔡邕——可是蔡邕娶了一个又贤又美的太太,连雪莱也赶不上他的幸福!至于这诗的第二句,仍是说志摩:说志摩在北海结婚之后,享了五年的艳福,方才遇难,而我始终未得到我的Mary……我在成功与享受上,又焉能比得上志摩呢?大家哀悼志摩,我便更要哀悼我自己!

志摩和陆小曼女士,都是嘉兴人,都是鸳鸯湖畔的人物。然而我这诗的第二句"鸳鸯艳侣",另有一个新奇的典故在。话说一九三二年二月(所谓"一·二八")上海抗日大战之时,有一段军官失却地图的新闻,见于报纸。那年三月十二日,《北平晨报》上便登出邓之诚(五石)先生新撰的《后鸳湖曲》(此曲,连评注,今录入《吴宓诗集》卷)。我的评注,大意说:此诗虽因吴梅村的《鸳湖曲》而命名,但其意旨却类似吴梅村的《圆圆曲》;所云"汝自负人人汝负",所云"才知女宠原祸水,破国亡家皆由此",我殊不以为然。"离婚未为失德……泪战全局胜败,决不系此琐事",这是我的见解。我在这一件事上,又为志摩辩护,仍由于始终一贯的同情。

我的《忏情诗》,玮德在医院中读了,十分赞赏。但此时他的病已成不治之症。到了五月九日,便真的追步了济慈,与世长辞!(我的知友诗人吴芳吉之殁,亦在五月九日。)我送殡法源寺之后,作成《挽方玮德》诗八首,今录其中的

吴宓　徐志摩与雪莱

第四首：

　　炎夏高楼景，深宵灭烛谈。当时境可乐，回想味增醰。月旦诗新旧，意中人两三。红颜知己泪，猛虎共连骖。

　　此诗的意思，仍是怜我怜君，兼悼志摩。志摩的诗集，有一种名曰《猛虎集》，猛虎是指志摩。我与志摩、玮德都是崇拜雪莱的人——崇拜雪莱而能诗的人今世自然很多。一旦是在相识朋友当中，志摩死了，玮德病殁，现在呢，只剩了我这一匹老马，"命成此马非凡马，伏枥犹闻畏简书"，此所以读郁达夫先生文而感慨不置也。

　　语堂案：雨僧此篇悼志摩亦所以自悼，过于坦白，吾知其必为刻薄者所诟病。然吾深知雨僧，宁可使其真坦白，不可使其为假雨僧。真坦白则不必顾及人之诟谇此其一。雨僧一副不识世故面目盖着极丰富之情感，亦求得中道而行者耳，而中国社会未必肯让人有丰富情感，有情感者亦必讪笑之，讥讽之，有情感而坦白者，更必讪笑之，讥讽之，此其二。中国社会缺乏同情，十年前《语丝》早有人论及，今日最流行最出风头的"批评家"仍是脱不了刻薄酸酷。本刊上期知堂先生论宋人文章思想，引《钝吟杂录》曰"以笔墨劝淫诗之戒，然犹胜于讽刺而轻薄不近理者"实在可喜。我取放荡之诗人，而不取讽刺而不近理之道学。今日许多"前进"作家，仍袭宋人史论传统。宋儒论人苛刻，好在千百世下论古人是非，某者"自信不笃"，某者"自知不明"，史论史论，都是如此一套，一若古人非尽为完人不可。须知天下理学无一不酸，无一不腐，无一非刻薄鬼，理学之势力一日尚在，则中国舆论一日不能宽大同情。反之，有刻薄不近理之讽刺，则可知必有理学幽灵隐藏于社会，今日"严肃"之批评，亦不过如此一套，甚不足取也。在此理学社会，坦白要不得，自捧固然不可，自谦亦非所宜，惟有满纸世道人心，才是得体。昔黄石齐以三罪四耻七不如自责，自以为"不如郑鄤"，此种自谦语，亦被杨嗣昌借为攻击口实，理学之险可知。雨僧以白璧德信徒而侃谈恋爱，城中刻薄鬼乡下闲谈婆闻之，自必如拾至宝，搬嘴弄舌诟谇之以为乐。雨僧自知不懂世故，嘱我看看此稿，有无于己不利；我仍把他发表，不怕乡下婆闲谈也。惟我近已"学乖"，作文战战兢兢，雨僧亦能稍懂世故，与我"学乖"乎？

（原载《宇宙风》半月刊一九三六年三月一日第十二期）

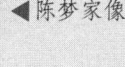

陈梦家
纪念志摩

等候它唱,我们静着望,怕惊了它。
但它一展翅,冲破浓密,化一朵彩云;
它飞了,不见了,没了——
像是春光,火焰,像是热情。

他去了,永远地去了。我们还是常痴望,痴望着云霄,想再看见他来,像一道春光的暖流,悄悄地来。不能说这全是痴,我们不知忘掉了多少事,唯独这春光火焰似的热情的

吻火
朋友眼中的徐志摩

朋友,怎样也难使我们放下这痴心:我们要的是春光,火焰,要的是热情。听这秋声萧萧的摸索四野衰败的芦草,我们记起过去的一个秋天:怎样的那冰凉的秋天蹑进我们衰芦似的心里,教我们怎样说,那一刻间不能信的信息,教我们怎样信,他一飞去的神捷,唉,我们怎样再能想!

在这秋天的晚上,隔院小庙一声声晚磬袅袅地攀附在这一缕青烟上,游魂似的绻绵,我仿佛听他说:我在这里。我翻开这四册诗集,清水似的诗句,是那些片可爱的彩云,在人间的湖海上投过的影子。现在那翩翩的白云,又在天的那方,愉快地无拦阻地逍遥?

我们展开这几卷诗,是他偶尔遗落下的羽毛,仿佛看见他的轻盈,丰润,温存的笑。他的第一集诗——《志摩的诗》——在十一年(一九二二年)回国后两年写的,那些是情感的无关联的泛滥。那种热情,是他对于一切弱小的可怜的爱心。

给宇宙间一切无名的不幸,

我拜献,拜献我胸胁间的热,

管里的血,灵性里的光明;

我的诗歌——在歌声嘹亮的一俄顷,

天外的云彩为你们织造快乐,

起一座虹桥,

陈梦家　纪念志摩

指点着永恒的逍遥，
在嘹亮的歌声里消纳了无穷的苦厄！

真的，他有的是那博大的怜悯，怜悯那些穷苦的，不幸的，他一生就为同情别人忘了自己的痛苦。那在大雪夜用油纸盖在亡儿坟上的妇人，那些垃圾堆上拾荒的小孩，那些乞儿冷风里无望的呼求，那个黑道中蹒跚着拉着车的老头儿：这些不幸永远震撼他的灵感。他的慧眼观照一切，这古怪的世界横陈着残缺的尸体，又是那热情引他唱起"毒药"的诗，他也为着那恐怖的"白旗"呼唤。在"现实"恶毒的阴黯中，他总是企望着一点光明，企望着这老大民族的复兴：

古唐时的壮健常萦我的梦想：
那时洛邑的月色，那时长安的阳光；
那时蜀道的啼猿，那时巫峡的涛声，
更有那哀怨的琵琶，在深夜的浔阳！

但这千余年的痿痹，千余年的懵懂：
更无从辨认——当初华族的优美，从容！
摧残这生命的艺术，是何处来的狂风？——
缅念那中原的白骨，我不能无恸！

吻火
朋友眼中的徐志摩

在他第一集诗里,许多小诗是十分可爱的,《沙扬娜拉》《难得》《消息》《落叶小唱》和《雪花的快乐》,到如今我们还是喜欢来念。十年前初创时的新诗,只留下《志摩的诗》这唯一的硕果。这些诗,不光是鲜丽,它还有爽口的铿锵的声调,如像一首《残诗》:

怨谁?怨谁?这不是青天里打雷?
关着,锁上;赶明儿瓷花砖上堆灰!
别瞧这白石台阶儿光滑,赶明儿,唉,
石缝里长草,石板上青青的全是莓!
那廊下的青玉缸里养着鱼,真凤尾,
可还有谁给换水,谁给捞草,谁给喂?

十五年(一九二六年),志摩在北平约一多、子离等聚起一个诗会,讨论关于新诗形式的问题,他们在《晨报》有过十一期的《诗刊》。从那时起,他更用心试验各种形式来写诗,他自认他的第二集诗——《翡冷翠的一夜》——至少是技巧更进步了。那开篇的一首长诗——《翡冷翠的一夜》——虽则热情还是那么汹涌,但他能把持他的笔,教那山洪暴发似的热情化作一道无穷止的长河。他向我说过,《翡冷

陈梦家　纪念志摩

翠的一夜》中《偶然》《丁当》《清新》几首诗划开了他前后两期诗的鸿沟。他抹去了以前的火气,用整齐柔丽清爽的诗句,来写出那微妙的灵魂的秘密。

他的努力永远不间断,向前迈进,正如他从不失望地向生命的无穷探究。十年来对新诗这样不懈怠研求的,除了他没有第二个人。"总有一条路可寻,"他说,"我们去寻。"我们看他(我们自己要不要惭愧)不管生活的灰尘怎样压重他的翅膀,他总是勇敢的。

飞扬,飞扬,飞扬,
这地面上有我的方向。

但看那生活的逼迫,阴沉黑暗毒蛇似的蜿蜒,人不能受,他忍受。他有一种"信仰的勇敢",在一切艰难上,他还是急切地求"一条缝里的一点光",照亮他的一点灵犀。可惜这世界——

不论你梦有多么圆,
周围是黑暗没有边。

到处有"经络里的风湿,话里的刺,笑脸上的毒"。但是"凶

吻火
朋友眼中的徐志摩

险的途程不能使他心寒"。有时候他——

> 陷落在迷醉的氛围中,
> 像一座岛,
> 在蟒绿的海涛间,不自主地在浮沉……

但他还是"迫急地想望,想望那一朵神奇的优昙"。我们全是大海上漂浮无定的几只破帆,在蟒绿的海涛间,四下都是险恶,志摩是一座岛,是我们的船坞。这生命的道路太难走了,崎岖、曲折和无边的阴黯,一听到——

> 他唱,直唱得旅途上到处点上光亮,
> 层云里翻出玲珑的月和斗大的星……

我也是这些被唱醒的一个,听他说:"一起来唱吧!"十九年(一九三〇年)的秋天我带了令孺九姑和玮德的愿望,到上海告诉他我们再想办一个《诗刊》。他乐极了,马上发信去四处收稿;他自己,在沪宁路来回的颠簸中,也写成了一首长叙事诗——《爱的灵感》。他对年轻人的激励,使人永不忘记。一直是喜悦的,我们从不看见他忧伤过——他不是没有可悲的事。

陈梦家　纪念志摩

二十年（一九三一年）夏季他印了第三集诗——《猛虎集》，他希望这是一个复活的机会。集子开篇的一首《我看见你》是他一生中最好的一首抒情诗。还有那首《再别康桥》，我相信念过的人一定不会忘记。这类可爱的小诗，在他后期写得更多、更好——我们想不出如何说他好。我们一读他的诗，只觉得清——不是淡——清得见底的；隽永和灵奇的气息。我们说不对。

我不敢想去年冬天为什么再去上海，看不见他了，我看见是多少朋友在他灵前的哀泣。他知道，一定会笑我们忘不了的凡情，他好像说："我只是飞出了这个世界，到另外一个世界去，和原先一样好。赶明儿你们也得来，可是我等不及你们的，我会飞去第三个世界！"呵！你永远在飞，这世界留不住你！

洵美要我就便收集他没有入集的诗，我聚了他的《爱的灵感》和几首新的旧的创作，合订一本诗——《云游》。想起来使我惶恐，这曾经由我私拟的两个字——云游——竟然做了他命运的启示。看到他最末一篇手稿——《火车擒住轨》，只仿佛是他心血凝结的琴弦，一柱一柱跳响着性灵的声音。

真的，志摩给我们的太多了：这些爱心，这些喜悦的诗，和他永往前迈进的精神，激励我们。这年头，活着真不易，"思想被主义奸污"，感情卖给了政党。志摩争的就是这点子"灵魂的自由",他要感情不给虚伪蒙蔽。他还要尽情地唱,顾不得人家说"这些诗材又有什么用"。看这十年来,谁能像志摩在生活下挣扎,不出声地挣扎,拨亮性灵中的光明,普照这一群人,不知道光明是什么。

诗人也是一种痴鸟,一种天教唱歌的鸟,不到呕血不住口,它的歌里自有另一个世界的愉快,也有它独自知道的悲哀,与伤痛的鲜明。它把温柔的心窝抵着蔷薇的花刺,唱着星月的光辉与人类的希望。他的痛苦与快乐是浑成的一片。

唉,这一展翅的飞逝!我们仰望白云,仰望白云上的星月,那儿是你!也许你,在另一个世界上,享受那种寂乐;也许你——

你已经飞度了万方的山头
去更阔大的湖海投射影子!
但我们还是
在无能的盼望,盼望你飞回!

二十一年(一九三二年)十月抄记于海甸燕京
(原载《新月》月刊一九三二年第四卷第五期)

◀储安平像

● 储安平
悼志摩先生

    这年代随处爱给人忍受一份不可言说的苦难,摆着晦涩的脸,教你气促。全是秋冬景象,一切都挂上死亡的颜色,等着长青芽还远。国度如深山里的小部落,睁着眼睛看别人家的长进和热闹。孕成的大乳石,只要凶运一到,便是一声吓倒人的崩坏。黑漆里有的是伤感的袭击。

    虽然时季在一种窒塞的国难的气息中,可是对于这一颗大星的陨落,志摩先生的罹祸,我相信在一般困乱的心槽里,当更渗下了一滴苦汁。他关切的朋友和他忠信的读者,将全

吻火
朋友眼中的徐志摩

感到他们自己的损失,为我们的诗人致哀着。十年来中国文坛的收获,志摩先生的功绩是不可磨灭的,正如一片荒芜的土地上,由他来砌起了一座楼屋,正还待他的经营。每个人,对于这熟悉的名字,都有一种亲昵的感情。他的恩泽是一道最和丽的光,大家都受到他的照耀。

我初次认识他是在五年前的一个春天。那时,有若干人想演一个脚本:《茶花女》,在华龙路新月书店三楼谈话,在座有余上沅先生、江小鹣先生、吴瑞燕女士这一些人。志摩先生就像一架火炉,大家围着他感到有劲。虽然这一次谈话以后也没有再问闻,可就在那时,我感到他的热心永远是大家一个最好的监督。

过后一两年,他收下了光华的聘书。一次更接近的通气是不消说得的。这人初看上去,和他应酬似乎很费力。可是你和他熟悉了,你便明白这正是他的率直,他的诚挚,他诗人的节气。他对于后进,有的是一份提拔的心热,如他在《诗刊》第二期上说:做编辑最大的快乐永远是作品的发现,除非你不去找他,要不是,一开口就像十年前的老朋友,不跟你来一些虚套(有时虚套只是一种骄傲)。

要他写东西有一丝苟且是不来的。他在《猛虎集》上说,他有时为了一些破烂的句子或一个字眼也得拼忍到成天半日。字眼一到他手就全标出了它们自己的分量。这认真是我们绝

储安平　悼志摩先生

大的师法,我说的不仅是在文学的努力上,便是在为一切学问或为人上也一样。

在他自己的功绩上,散文的成就比诗要大。他文笔的严谨在中国至今还没有第二个人。散文原是诗的扩演,他曾对我说,内涵是它的骨骼,辞藻是它的外表:一座最牢的房子,外面没来一些现代美的彩色与轮廓,仍不能算完成它的建筑上的艺术。他的文章,各色各种爽口的好水果全有。你读过他的作品,便知道:香艳的如《先生,你见过美艳的肉没有?》,哀悱的如《我的彼得》。

我最末一次和他见面是去年一月里。那时我预备去北平。有一天去看他,三个钟头前,他正从北平回来。听说我也上北平去,说:"好极了,咱们朋友都在向北平流。住北平只要自己有翅膀。上海,上海你得永远像一只蜗牛般的躲在屋子里。"

年轻是他的本分。在《自剖》里,他自己说:"是动,不论是什么性质,就是我的兴趣,我的灵感。是动就会催快我的呼吸,加添我的生命。"他的兴趣永远是雪天的白瓣,他的灵感永远是波涛的汹涌。

为了自己文学修养上的稚浅,我想住北平后,常去他处承教承教。有一天张东荪先生告诉我说志摩先生已经到了北平,可第二天,我又为了别的缘故,回到了南边来。去年春

吻火
朋友眼中的徐志摩

天编《今日》,问他要稿子,他来信时还记得念叨这江南的妩媚;我在西湖时,曾经装了一袋桃花寄给他过。

我写散文多少是受着他的影响的。"在相识的一淘里,很少人写散文。"不过,他说:"在写作时,我们第一不准偷懒……"对于他这份督促我永远不该忘记。

但是天不为这荒芜的中国的文坛多延留几年这卓越的诗人。就在"一球光直往下注,砰的一声炸响"里,炸倒了这破碎的文坛上的中柱。

当我有一天晚上读了第一家登载了关于他罹祸的不幸的消息的 Evening Post(是家璧拿来我看的)以后,我的意境中,一时体味到一支说不出的苦涩,一次至大的哀悼。我跑到或写信给每一个关切志摩的朋友或读者,报告他们这一份不能补给的大损失。

三月江南又是一片好春天。在今夜,在这十六分外圆的月亮下,凭我向往对他的一宗刻实的信心,写下这短短的两千字纪念他。我祝福他在天的灵魂永远轻松着;他的精神永远是不死的。

(原载《新月》月刊一九三二年第四卷第一期)

◀温源宁像

温源宁
徐志摩——一个孩子

雪莱一生的恋爱事件是尽人皆知的。在维多利亚时代人的眼光里，莫不引为惊愕。Matthew Arnold 是那样的喜欢评论文学，或者对，或者不对，但当他一涉及雪莱的性爱关系，便弄出大笑话来。但是后世却另替雪莱加一番定论，把他从污泥中洗净，并且把他改变成了莎士比亚剧中之爱俪儿 Ariel——如一只蝴蝶，在花丛中翻飞，像一种细嫩轻柔的天空中的生物，又美丽又天真。雪莱的 *Epipsychidion* 是一篇理想的爱人的歌，他爱的不是这一个女人或者那一个女人，而只是

吻火
朋友眼中的徐志摩

在一个女人玉貌声音里见出他理想的美人。

不错，志摩和女人的关系是完全和雪莱一样。也许有女子以为志摩曾经爱过她，实则他仅仅爱着他自己内在的理想的美的幻象，即使是那个理想的淡薄的倩影，他也是爱的。他在许多神座之前烧香，并不是不专一，反而是他对理想美人之专一。好像一个光明的夏天的白日里阴影的移动，志摩也在女友中踪影靡定；可是这阴影是由一个太阳造成的，所以志摩的爱也仅仅为了一件东西——他的理想美人的幻象。对于这，他永久是一个忠实的信徒，不仅在他和女子的关系是这样，在他的作品里，和男朋友里，并且就是在他短短的生活中一切似乎是狂浪的举动里，也都是这样。

志摩之为人，比志摩之作为诗人更伟大。我们许多人当中爱读他的诗，正因为是志摩写的。却未必有人为爱志摩的诗，所以爱他。他的性格，就是他的天才。因此，在他的文字及行动中，愈可见出他的性格者，愈有其动人的魔力。所以他的散文远胜过他的诗。因为他的散文比他的诗更能显出作者的性格。读他的散文我们宛然如见他整个性格的光辉，他的声音容貌，似一一呈在眼前——他的活泼、灵动、唠叨、兴奋，及其谈锋之自在如意——这些都在他的散文里见到了。他的诗却反似与他的性格相隔一层，他

温源宁 徐志摩——一个孩子

他的诗是他的作品产物,他的散文却似他自身。所以他的诗的佳处,全是靠这性灵之反映。时移境迁,也许他的诗也会逐渐减了它的光芒。

志摩的人格的秘密是什么呢,是体格上的吗?或者是有一些的,但是体格比志摩更动人更美丽的,世上不知还有多少,却很少有志摩的魔力之十分之一。严格地批评起来,他的鼻子太大了,眉毛太不伦不类了,他的嘴好像阔了点,他的牙床微有点粗重。不,他的动人的秘密是另有所在的:在他的气质上,他的心灵上。他有个聪明灵活的孩子的气质和心灵,因为志摩是不失赤子之心的人。只是一腔淳朴的天真,对于环境,非常好奇;真伪不辨,醒梦不别,永不恨人,也永不想到人会恨他。人世的阅历使他受过磨磋,却永不能改变他的本性。他玩赏人生的一切,像小孩子玩弄玩具一样。新理想啦,相对论学说啦,羌德拉泊司在植物学中的新发现啦,爱尔兰的民族复兴运动啦,泰戈尔啦,梁启超啦,塞尚尼的绘画啦,璧楷沙的绘画啦,梅兰芳啦,克莱司勒啦,这些都轮换地受过他的赏乐。他的生活便是和朋友们连续不断地互相过访。他所住的房宅只可算是他朋友来往的过道走廊。他在这样的生活中居然也能写作,才令人诧异。在别人以为是烦躁的,在他却不觉得的,只以为是快乐的新花样,而凡是小孩都是喜欢新花样的。

吻火
朋友眼中的徐志摩

  无疑的,在志摩的生命里也有多少烦恼悲哀的,尖锐而且哀恸,像一个孩子的烦恼与悲哀,但是也只像朝露般即刻化归乌有。志摩也许有时会得罪朋友,但绝不是有意的,所以人们也不见怪他。像一个小孩子有时也拧死一只小鸟,或掇去苍蝇的两翼,志摩有时在他不自知的时候,也会露出他的鲁莽。志摩是一个感情冲动的人,也会把玻璃杯打碎,扯破花瓣,或者在荆棘丛中跳跃,当作一天中照例应有的游戏。

  有人说,在志摩生活的末年已经看出他的成年稳重的先兆。如果是那样,他这时候死去倒是不幸中之幸事,并且是何等神话意味的死法!死在飞机的炸声中,而且又是在与高山的山岭的冲撞中:其生也淳朴,其死也雄奇,天之待志摩,不可谓不厚矣。

(据张自疑译自英文《中国评论周报》,
另有译文刊于一九三六年六月二十日《逸经》第八期)

◀徐志摩像

湘江
忆徐志摩先生之死

翻阅《写作与投稿》一书,当我读到一九五页《从徐志摩的半篇文章说起》时,不禁回想到徐志摩这位名作家的死因来。我不认识徐先生,仅仅在南京的报纸上常常见到他的人名。

民国十九年(一九三○年),我在中国航空公司所属南京明故宫航空站服务。记得在那年十一月的一天早晨,天气相当冷,紫金山顶还覆盖着一层积雪,我与另外两位同事,忙着替一架莱因式客机检查、试车。这架客机是准备在九点钟飞往济南和北平的。虽然我们戴着皮手套工作,可是手指

吻火
朋友眼中的徐志摩

头仍旧冻得发僵。

八点多钟,正驾驶王贯一与副驾驶刘职炎,乘着一辆小包车来了。车子里面,塞满了大包小包的东西。王贯一下车走向飞机时,神情萎靡,频频打着哈欠。看样子,头天晚上准是没睡好觉。他懒洋洋地将飞机察看一番后,随即吩咐在场的小工,将车里的东西搬上飞机,自己站在一旁监视。刘职炎与我们在飞机旁闲谈,据刘职炎说,王贯一昨晚赶着为女儿办嫁妆,同时也打了个通宵麻将。虽然精神不大好,可是因为在北平的女儿婚期已近,不得不勉强飞一趟,以便嫁妆及时送去。

正谈论间,公司里的专车已驶到飞机跟前,送来了四位旅客。当他们鱼贯登机时,有位同事指指其中一个穿长袍、外罩黑呢子大衣的人对我说:"喏!那个就是有名的文学家徐志摩。"

我还没有来得及看清那个人的面貌,他已弓着身子钻进机舱去了。

接着,机门立刻被人关上。发动机也开始转动起来。在一阵"隆隆"的机声中,我们目送着那架客机缓缓地滑进跑道,然后在和煦的阳光中,徐徐升空。

第二天上午,我在站上听到一项令人沉痛的消息:那架莱因客机当天在济南撞山失事,机上人员全部罹难。旅客中有一位姓徐的文学家。

湘江　忆徐志摩先生之死

根据济南拍来的电报说，飞机是在快要落地时撞在千佛山上。当时济南的天气并不坏，而千佛山只是城南的一座一千多米高的小山。不知道怎么会撞上去的。

事后公司方面透露：主要原因是驾驶员王贯一精神太差，飞行时注意力不集中，以致糊里糊涂地肇成大祸。而机上的旅客，也就随着这位荒唐的驾驶员，糊里糊涂地丧生了。

虽然事隔三十多年，但回想起来，仍令人叹息不已！

一九六四年十二月十八日

张若谷像▶

张若谷
送志摩升天

耶和华要用旋风接以利亚升天,
以利亚与以利沙从吉甲前往。
他们正走着说话(师徒二人,都是犹太的先知),
忽有火车火马将二人隔开,
以利亚就乘旋风升天去了。
以后不再见他了!

——《旧约·列王记(下)》第二章

张若谷　送志摩升天

志摩：

你是一个善写哀思文章的能手。你记过你的祖母之死，你悼过你的表兄沈叔薇，你伤过你的忘年交双栝老人，你吊过刘叔和，你哭过你的可爱的小彼得。昨日吊人的，今日却被人吊了。在你生时，你是一个不觉得"生是可欲，死是可悲"的达观者。但你也想到"在这最后的呼吸离窍的俄顷，不能轻易地断定那一边没有阳光与人情的温慰"。如今，你竟然穿着雪白的长袍，冉冉地升上天去了。在天国里，究竟有没有人情的温慰，你是不是已经和你的祖母、爱子、至亲、好友们欢然重晤？志摩，希望你在天之灵，托梦给你人间的亲友们，给我们一个满意的答案吧。

志摩，你是一个诗人。有人说："诗人便是先知。"你的确也是一个先知。这一次你坐飞机升天，决不是偶然的事。在你五年前的旧作《想飞》里，你早已给我们预泄天机了。

飞上天空去浮着，看地球这弹丸在太空里滚着，从陆地看到海，从海再回看陆地。凌空去看一个明白——这才是做人的趣味，做人的权威，做人的交代。这皮囊要是太重挪不动，就掷了它，可能的话，飞出这圈子，飞出这圈子！……天上那一点子黑的已经迫近在我的头顶，形成了一架鸟形的机器，忽的机沿一侧，一球光直往下注，砷的一声炸响——炸碎了

吻火
朋友眼中的徐志摩

我在飞行中的幻想,青天里平添了几堆破碎的浮云。

在当初,谁都只当是你的一时游戏的笔墨,是所谓诗人的幻思和理想。到如今,有了事实的,实现和应验,我们才知道那篇《想飞》,是你的一种真实的自剖,是一种先知的预言。但是总怪我们太不聪明了,为什么一直须等到事情的结果呈露在我们眼底以后,才会想起了你的预言呢?志摩,你是一预言家,你是一个诗人!

志摩,朋友们都说你死得太凄惨了。有几个和你素未谋面也没有读过你的作品的女学生,听见了你的死讯,大家都表示无限的惋惜。她们爱怜天才的一番盛情,想你在天有知,也必有动于衷。但是,一般的人,只惋惜你死得凄苦,他们决不是你的真正知己。他们不会了解诗人之死和俗人是有不同的地方。志摩,我自信是了解你的朋友中的一个,虽则当你在世时我们很少相互倾吐的机会,当你的灵柩从南京运回上海时,我也没有一临凭吊,我却早从你的作品中认识了你的思想和信仰。

志摩,你不但是诗人,是预言家,你还是一个哲学者。有人称过你是"诗哲",或许在你自己听了也要不以为然。但是在你《再剖》文中,你已经供招过你的人生观——

张若谷　送志摩升天

我信我们的生活至少是复性的。看得见觉得着的生活是我们的显明的生活，但同时另有一种生活，支配前一种的生活，比是我们投在地上的身影，形体是不可捉的，但它自有它的奥妙的存在。它是你的性灵的或精神的生活。你觉到你有超实际生活的性灵生活的俄顷，是你一生的一个大关键！

我这时候就比是一个人初次发现他有影子的情形。惊骇、耸悚、猜疑同时并起，在这辨认你自身另有一个存在的时候。我这辈子只是在生活的道上盲目地前冲，只是无目的地奔驰；从哪里来，向哪里去，现在在哪里，该怎么走，这些根本的问题却从不曾到我的心上。但这时候，突然地，懊然地，我惊觉了。

志摩，我现在也无须再来和你叨叨絮絮地讨论这些玄妙问题。如今，你已飞出了这一个圈子，什么是真理，什么是另一种生活，你都已经恍然大悟、身历其境了。在你生时，你不是说过"生命不定是可喜，死亦不定可畏"吗？因此从生入死，在你看来，"只是解化了实体的存在，脱离了现实的世界，又投入了一种异样的冒险（《悼沈叔薇》）"。"乃人生自生至死，如勃兰恩德的比喻，真是大队的旅客在不尽的沙漠中进行，只要良心有个安顿，到夜里你卧倒在帐幕里也就不怕噩梦来缠绕……如果我们的生前是尽责任的，是无愧的，我们就会安坦地走近我们的坟墓（《我的祖母之死》)。"志摩,你生时既然抱着这样的人生观念,当你灵魂在脱离了肉体飞上天的俄顷间,一定毫不感什么痛苦或惊骇。因此,我对于你的死,不哭,也不悲伤,我只有怅惘。志摩,请你相信在我的心里还留着对于你的相当的怀念。

志摩,凡是知道你死况的人,都哀悼你死得太惨苦。我却独自要赞美你的死,你的死是一首诗,你死得真美丽!

从你的预言《想飞》一文中,我想象到你那一飞冲天到半天空的情景。你随身带着一只你出门不离身的装文件的皮箱,这里面有稿本,有日记,有信件,大都是见不得人面的(志摩,你真是一个可人儿,那许多见不得人面的日记和信件,如今都成为灰烬了,一切和那些秘密信件有关系的她们和他们,从此都可以高枕而卧了)。你坐在"其翼若垂天之云……背负苍天,而莫之夭阏者"的鸟形机器里,荡漾在无穷的碧空中,飞。飞!要飞就得满天飞,风拦不住云挡不住地飞!一起就冲着天顶飞!高入了云,高出了云,还是向上飞去。那时你忘却了世界的一切,人间的一切,你只是赞美着青天和白云,你也不觉得机器的震摇,你也没有听见机器的炸响,一刹那间你的灵魂,冉冉地上升。朵朵的彩云跳过来拥着你,望着最光明的去处升去,只留下你遗蜕,跟着一蓬烟火直往下泻。应验了你抄在《迎上前去》

张若谷　送志摩升天

一文中的诗句——

> 我不辞痛苦,因为我要认识你,上帝;
> 我甘心,甘心在火焰里存身,
> 到最后那时辰见我的真,
> 见我的真,我定了主意,上帝,再不迟疑!

志摩,你那样的死,不是值得我们赞美的吗?我在此赞美你的死,赞美你的升天!最后我要抄这几句你生时爱读的达文謇(达·芬奇)的话,送给你的在天之灵,当作我的追悼文:

> 这人形的鸟会有一天试他第一次的飞行,
> 给这世界惊骇,使所有的著作赞美,
> 给他所从来的栖息处永久的光荣。
> Repuiescat in pace. Amen.

二十年(一九三一年)十一月三十日
(原载《新月》月刊第四卷第一期,志摩纪念号)

徐志摩像▶

费鉴照

诗人：徐志摩

一九三一年十一月徐志摩因飞机失事而死，这是现代诗坛的一大损失。徐生于浙江，留学美英。从英国回国后，他一直担任北京大学英国文学教授，至逝世前为止。期间，他曾在光华大学、南京中央大学讲授有关现代英美诗人的课程。

徐志摩和闻一多代表了当今中国诗歌的两个方向——浪漫的与古典的。在此类用法不够严密、意义相对照的词语中，仍能显示两位诗人间的差异。徐志摩的诗歌较闻一多的诗歌更少学究气而更具抒情性。我认为，或许抒情一词比其他词

費鑒照 詩人：徐志摩

语更能确切描述徐诗的内容。如同春天林子间的鸟儿，我们的诗人赞美快乐、悲伤和他所生活的世界的美丽。他的诗如《她是睡着了》《石虎胡同七号》《盖上几张油纸》等，最能证明我之所言。在《她是睡着了》一诗中，诗人在睡美人旁吟唱，她置身于玫瑰与藤萝堆积的草地上，周围蝴蝶翻飞。诗人反复吟颂着由甜美春日里盛开鲜花所引发的迷人少女的美丽。诗里洋溢令人陶醉的玫瑰与藤萝的芬芳，让读者沉醉其中。实际上，诗人自己也为春天的胜景所焕发出的魅力激动欣喜。

给我披一件彩衣，啜一坛芳醴，

折一支藤花，

舞，在葡萄丛中颠倒，昏迷。

这几句诗呈现出济慈式的感官感觉，让人想起他的《夜莺颂》，因着敏感与内心的忧伤，徐志摩的诗歌与济慈的诗歌很相像。《盖上几张油纸》描绘了忧郁的妇人内心的折磨与深刻持久的煎熬，她的幼子新死于饥饿与寒冷。全诗充满了凄惨与极度的忧伤。面对此种凄惨诗人的心几乎在泣血，如济慈在其著名的诗歌中一样，但其情感强度远不及济慈。徐志摩不同于济慈的是愉悦的语调，一种百灵鸟的音调，如同我们常在伊丽莎白时代的抒情诗中所听到的一般。《石虎胡同七号》一诗也具此调,完全摆脱了浪漫主义忧郁的淡影,这体现在其最初的几行诗句中:

> 我们的小园庭,有时荡漾着无限温柔;
> 善笑的藤娘,袒酥怀任团团的柿掌绸缪,
> 百尺的槐翁,在微风中俯身将棠姑抱搂,
> 黄狗在篱边,守候睡熟的珀儿,他的小友,
> 小雀儿新求婚的艳曲,在媚唱无休——
> 我们的小园庭,有时荡漾着无限温柔。

此种语调表明诗人不仅在表达上是抒情的,而且气质上是欢快的。

任何熟悉徐志摩生活的人都知道他是个伟大的爱人,不仅仅是爱女人,也爱世间万物。确实,诗如其人,且徐志摩大部分诗歌表明其中主要意蕴便是爱。《再休怪我的脸沉》《这是一个懦怯的世界》《白须的海老儿》等诗歌是其中最好的例证。诗人沉浸在爱中:

> 你,我的恋爱,早就不是你:
> 你我早变成一身,

费鉴照 诗人：徐志摩

呼吸，命运，灵魂——
再没有力量把你我分离。

为爱所淹没，诗人认为爱、快乐与自由在永恒的乐园中融为一体。

顺着我的指头看，那天边一小星的蓝——
那是一座岛，岛上有青草，
鲜花，美丽的走兽与飞鸟；
快上这轻快的小艇，
去到那理想的天庭——
恋爱，欢允，自由——辞别了人间，永远！

为徐志摩与女人的关系所误导，有人会错误地推断诗人只是爱女人，并且很多人甚至否定他的一些爱情诗歌的哲理意蕴。在此我冒昧提出一种不同的观点，在我个人认为，徐志摩爱慕"上帝的馈赠"这一事实不该被觉得遗憾，这对他诗歌天才的成就贡献良多。他将爱的气息散布于世间万物，且他对于世间万物之爱，就我而言，是源自他对女人的爱。以下几行诗句将证实我之所言：

吻火
朋友眼中的徐志摩

> 我伸手向黑暗的空间抱,
> 谁说这缥缈不是她的腰?
> 我又飞吻给银河边的星,
> 那是我爱最灵动的明睛。

关于技巧,徐志摩在早期诗作中更注重语言的乐律而非韵律规则。读其早期作品,读者通常会惊讶于其语言乐律,一种他超越于其他诗人被得到广泛认同的艺术。正是受闻一多的影响,徐志摩将其诗句音尺调整得更规整,并且这在诗人第三卷诗集《猛虎集》的序言得到完全印证。诸如《猛虎集》中的《秋虫》《山中》《两个月亮》,及大部分他死后发现的诗作如《云游》是其例证,这表明徐志摩诗歌技巧受到闻一多的决定性影响。

不管未来批评家将如何评论徐志摩,我猜想他将和闻一多一起,因具有上天赋予的或后天培养的对诗歌的秉性,比其他人更易引起精英人物的兴趣。

(《中国评论周报》,一九三三年十二月二十八日)

◀梁实秋像

● 梁实秋
回首旧游
——纪念徐志摩逝世五十周年

志摩于民国二十年（一九三一年）十一月十九日搭乘中国航空公司济南号飞机由南京北上赴平，飞机是一架马力三百五十匹的小飞机，装载邮件四十余磅，乘客仅志摩一人，飞到离济南五十里的党家庄附近，忽遇漫天大雾，触开山山头，滚落山脚之下起火，志摩因而遇难。到今天恰好是五十周年。

志摩家在上海，教书在北京大学，原是胡适之先生的好意安排，要他离开那不愉快的上海的环境，恰巧保君健先生送他一张免费的机票，于是仆仆于平沪之间，而志摩苦矣。

吻火
朋友眼中的徐志摩

死事之惨,文艺界损失之大,使我至今感到无比的震撼。五十年如弹指间,志摩的声音笑貌依然如在目前,然而只是心头的一个影子,其人不可复见。他享年仅三十六岁。天实为之,请之何哉!

志摩遗骸葬于其故乡硖石东山万石窝。硖石是沪杭线上的一个繁庶的小城,我没有去凭吊过。陈从周先生编徐志摩年谱,附志摩的坟墓照片一帧,坟前有石碑,碑文曰:"中华民国三十五年(一九四六年)仲冬诗人徐志摩之墓张宗祥题。"显然是志摩故后十余年所建。张宗祥是志摩同乡,字声阆,曾任浙省教育厅长。几个字写得不俗。丧乱以来,于浩劫之中墓地是否成为长林丰草,或是一片瓦砾,我就不得而知了。

志摩的作品有一部分在台湾有人翻印,割裂缺漏之处甚多,应该有人慎重地为他编印全集。一九五九年我曾和胡适之先生言及,应该由他主持编辑,因为他和志摩交情最深。适之先生因故推托。一九六七年张幼仪女士来,我和蒋复璁先生遂重提此事,蒋先生是志摩表弟,对于此事十分热心,幼仪女士也愿意从旁协助。函告其子徐积锴先生在美国搜集资料。一九六八年全集资料大致齐全。传记文学社刘绍唐先生毅然以刊印全集为己任,并聘历史学者陶英惠先生负校勘之责,而我亦乘机审阅全稿一遍。一九六九年全集出版,一九八〇年再版。总算对于老友尽了一点心力,私心窃慰。

梁实秋　回首旧游——纪念徐志摩逝世五十周年

梁锡华先生时在英伦,搜求志摩的资料,巨细靡遗,于拙编全集之外复得资料不少,吉光片羽,弥足珍贵,成一巨帙《徐志摩诗文补遗》(时报文化公司出版),又著有《徐志摩新传》一书(联经出版),对于徐志摩的研究厥功甚伟。当代研究徐志摩者当推梁锡华先生为巨擘,亦志摩逝世后五十年来第一新得知己也。

研究徐志摩者,于其诗文著作之外往往艳谈其离婚之事。其中不免捕风捉影传闻失实之处。我以为婚姻乃个人私事,不宜过分渲染以为谈助。这倒不是完全"为贤者讳"的意思,而是事未易明理未易察,男女之间的关系谲秘复杂,非局外人所易晓。刘心皇先生写过一本书《徐志摩与陆小曼》,态度很严正,资料也很翔实,但是我仍在该书的短序之中提出一点粗浅的意见:

> 徐志摩值得我们怀念的应该是他的那一堆作品,而不是他的婚姻变故或风流韵事。……徐志摩的婚姻前前后后颇多曲折,其中有些情节一般人固然毫无所知,他的较近的亲友们即有所闻亦讳莫如深,不欲多所透露。这也是合于我们中国人"隐恶扬善"和不揭发隐私的道德观念的。

所以凡是有关别人的婚姻纠纷,局外人最好是不要遽下

吻火
朋友眼中的徐志摩

论断,因为参考资料不足之故。而徐志摩的婚变,性质甚不平常,我们尤宜采取悬疑的态度。

志摩的谈吐风度,在侪辈中可以说是鹤立鸡群。师长辈如梁启超先生、林长民先生把他当作朋友,忘年之交。和他同辈的如胡适之先生、陈通伯先生更是相交莫逆。比他晚一辈的很多人受他的奖掖,乐与之游。什么人都可做他的朋友,没有人不喜欢他。他办报纸副刊,办月刊,特立独行,涅而不缁,偶然受到明枪暗箭的侵袭,他也抱定犯而不较的态度,从未陷入混战的旋涡,只此一端即属难能可贵。尖酸刻薄的人亦奈何他不得。我曾和他下过围棋,落子飞快,但是隐隐然颇有章法,下了三五十着我感觉到他的压力,他立即推枰而起,拱手一笑,略不计较胜负。他就是这样的一个潇洒的人。他饮酒,滔量不洪,适可而止;他豁拳,出手敏捷,而不咄咄逼人。他偶尔也打麻将,出牌不假思索,挥洒自如,谈笑自若。他喜欢戏谑,从不出口伤人。他饮宴应酬,从不冷落任谁一个。他也偶涉花丛,但是心中无妓。他也进过轮盘赌局,但是从不长久坐定下注。志摩长我六岁,同游之日浅,相交不算深,以我所知,像他这样的一个,当世无双。

今天是他五十周年忌日,回首旧游,不胜感慨。谨缀数言,聊当斗酒只鸡之献。

◀梁实秋像

梁实秋
徐志摩的诗与文

今天是徐志摩逝世五十年纪念日。五十年说长不长,说短不短。不过人生不满百,能有几个五十年?

常听人说,文学作品要经过时间淘汰,才能显露其真正的价值。有不少作品,轰动一时,为大众所爱读,但是不久之后环境变了,不复能再激起读者的兴趣,畅销书就可能变成廉价的剩余货,甚至从人的记忆里完全消逝。有些作品却能历久弥新,长期被人欣赏。时间何以能有这样大的力量?其主要关键在于作品是否具有描述人性的内涵。人性是普遍

吻火
朋友眼中的徐志摩

的、永久的,不因时代环境之变迁而改变。所以各个时代的有深度的优秀作品永远有知音欣赏。其次是作品而有高度的技巧、优美的文字,也是使作品不朽的一个条件。通常是以五十年为考验的时期,作品而能通过这个考验的大概是可以相当长久地存在下去了。这考验是严酷无情的,非政治力量所能操纵,亦非批评家所能左右,更非商业宣传所能哄抬,完全靠作品的实质价值而决定其是否能长久存在的命运。

志摩逝世了五十年,他的作品通过了这一项考验。

梁锡华先生比我说得更坚定。他说:"徐志摩在新文学史占一席位是无可置疑的,而新文学史是晚清之后中国文学史之继续也是不容否认的,虽然慷慨悲歌的遗老遗少至今仍吞不下这颗药丸,但是他们的子孙还得要吞,也许会嚼而甘之也未可料。"文学史是绵连不断的,只有特殊的社会变动或暴力政治集团可能扼杀文学生命于一时,但不久仍然会复苏。白话文运动是自然的、合理的一项发展,没有人能否定。不过,在文学史上占一席位固然不易,其文学作品的本身价值实乃另一问题。据我看,徐志摩不仅在新文学史上占一席位,其作品经过五十年的淘汰考验,也成了不可否认的传世之作。

请先从新诗说起。胡适之先生的《尝试集》是新诗的开山之作,但是如今很少人读了。因为这部作品的存在价值在于为一种文学主张做实验,而不是在于其本身的文学成就。《尝

梁实秋　徐志摩的诗与文

试集》是旧诗新诗之间发展过程中的一大里程碑。胡先生不是诗人,他的理性强过于他的感性,他的长于分析的头脑不容许他长久停留于直觉的情感的境界中。他偶有小诗,也颇清新可喜,但是明白清楚有余,沉郁顿挫不足。徐志摩则不然,虽然他自称"我查过我的家谱,从永乐以来,我们家里没有写过一行可供传诵的诗句",表示他们家是"商贾之家,没有读书人",但是他是诗人,毁他的人说他是纨绔子,说他飞扬浮躁,但是认识他的人都知道他是一个非常敏感而且多情的人,有他的四部诗集为证。

志摩有一首《再别康桥》脍炙人口。开头一节是:

轻轻的我走了,
正如我轻轻的来;
我轻轻的招手,
作别西天的云彩。

最后一节是:

悄悄的我走了,
正如我悄悄的来;
我挥一挥衣袖,

吻火
朋友眼中的徐志摩

不带走一片云彩。

这一首诗至今有很多读者不断地吟哦,欣赏那带着哀伤的一往情深的心声。初期的新诗有这样成就的不可多得。还有一首《偶然》也是为大家所传诵的——

我是天空里的一片云,
偶尔投影在你的波心——
你不必讶异,
更无须欢喜——
在转瞬间消灭了踪影。

你我相逢在黑夜的海上,
你有你的,我有我的,方向;
你记得也好,
最好你忘掉,
在这交会时互放的光亮!

我也不知为什么,我最爱读的是他那一首《这年头活着不易》。志摩的诗一方面受胡适之先生的影响,力求以白话为诗,像《谁知道》一首就很像胡先生写的《人力车夫》,

梁实秋 徐志摩的诗与文

但是志摩的诗比胡先生的诗较富诗意,在技巧方面也进步得多。在另一方面他受近代英文诗的影响也很大,诗集中有一部分根本就是英诗中译。最近三十年来,新诗作家辈出,一般而论其成绩超越了前期的作者,这是无容置疑的事。不过诗就是诗,好诗就是好诗,不一定后来居上,也不一定继起无人。

讲到散文,志摩也是能手。自古以来,有人能诗不能文,也有人能文不能诗。志摩是诗文并佳,我甚且一度认为他的散文在他的诗之上。一般人提起他的散文就想起他的《浓得化不开》。那两篇文字确是他自己认为得意之作,我记得他写成之后,情不自禁,自动地让我听他朗诵。他不善于读诵,我勉强听完。这两篇文字列入小说集中,其实是两篇散文游记,不过他的写法特殊,以细密的笔法捕捉繁华的印象,我不觉得这两篇文字是他的散文代表作。《巴黎的鳞爪》与《自剖》两集才是他的散文杰作。他的散文永远是亲切的——是他的人格的投射,好像是和读者晤言一室之内。他的散文自成一格,信笔所之,如行云流水。他自称为文如"跑野马",没有固定的目标,没有拟好的路线。严格讲,这不是正规的文章作法。志摩仗恃他有雄厚的本钱——热情与才智,敢于跑野马,而且令人读来也觉得趣味盎然。这种写法是别人学不来的。

刘海粟像▶

刘海粟：
回忆老友徐志摩和陆小曼

首先是爱好与志趣同。艺术与文学，使他们之间缩短了距离。久而久之，便互生爱慕。

一、想起徐志摩

每当风雨，我眼前常出现徐志摩和陆小曼。

志摩和我同年。一九三一年十一月十九日，他去世的时候，

刘海粟　回忆老友徐志摩和陆小曼

我曾经在悼文中怀念他:"他三十六年的生涯,只是一个短暂的噩梦,他的生命也就是一首绝妙的好诗。他有时雄浑倜傥,飘然物外;有时也几乎无路可走,苦闷万分。但是一切烦恼和矛盾,总是被他那浑厚的气氛所和谐了。他无疑具备印度洋般宽广的胸襟,青铜铸炼的骨骼,我没有一支妙笔可以描写他那真的姿态。……他又像是崇高的山峰,狂风暴雨要摧击他,乌烟瘴气要笼罩他,侵蚀他的心灵,阻碍他的发展,这是人生最大的悲剧。世间哪有完美的事情?他全部的天才,顺流顺势地尽量开着花结着果,可这不是太完美了吗?虽然志摩已经从不完美的现实中挣扎到他独有的完美了。他如雪莱、格列柯一样,是一个伟大的未成品。本来,宇宙就是一个伟大的未成品。……他们给予后人的印象,同是个永远伟大的青年。……志摩说不定也将由他的诗,在世界文学史占得不朽的位置。不,不但是他的诗,他的艺术批评也同样是不朽的。可惜因为他的诗名太显著,于是,他艺术批评上的价值被人所忘却了。他其实有多方面的才能。他的散文幽抑港冲,在现时的中国是很少的。"

半个世纪过去了,他的作品传诵不衰,散文的读者似乎比读他诗歌的人更多。他的艺术批评并未被人所忘却,也还在被人研究引用。在海外,他的传记有好几本,尽管有的著作侧重谈论私生活,学术价值不高,但在文学史上的地位是

吻火
朋友眼中的徐志摩

谁也抹杀不了的。

志摩向往光明,讴歌爱。而他的爱情诗,茅盾早就指出:"不能够把他当作单纯的情诗看的,透过那恋爱的外衣,有着他对于人生的单纯信仰。"他本来可以得到美国哥伦比亚大学政治经济学博士头衔,却弃而不屑一顾,不为物质生活所迷恋,到英国剑桥去认真读书,这是当时一度被人所无法理解的。难怪朱自清先生说:"现代中国诗人,须首推徐志摩和郭沫若。"尽管有人攻击他是唯美派,但无论如何,他对于新诗建设的功劳是不能磨灭的。

一九二四年,我和志摩相识。是年四月十二日,印度大诗人泰戈尔访华,下榻于上海沧州饭店,我去看诗翁,由志摩翻译。当时我画了两张速写,有一张刊在《申报》,还有一张发表在《时事新报》的副刊《学灯》。泰戈尔的诗是我所喜爱的,有着很深的哲理,而语言清新,音乐性极强,犹如无风的大海,平静中寓有浑茫和深厚。志摩说一口带有硖石乡音的浙江官话,翻译时修辞极美。我对老诗人和年轻的诗人志摩,都印象极深。还有一次,在聂云台主持的上海各界著名人士欢迎泰戈尔的宴会上,我也画了一张速写。现在,这些画都已不复存在,只有志摩的形象,在我的记忆上愈见鲜明。

刘海粟　回忆老友徐志摩和陆小曼

二、认识陆小曼

后来，我到北京，住在松树胡同七号新月社的日子里，胡适和志摩常常到房间里来谈心，有时还有闻一多。他们时常谈到一位"王太太"，起初我对这件事并没有注意，后来听多了，而且在谈论的时候，他们是那样赞美，那样充满好感，很自然地引起了我的好奇心。有一天，胡适对我说："海粟，我今天陪你去看看王太太。到了北京，她家是不能不去的。这位太太又聪明，又漂亮，能歌善舞，还会画画，英、法文都很好。世上很少这样人物……"

"适之，你平时是很少这样赞美女性的，难道真有那样美么？"我问。

"你可以问志摩。我看很少有人比得了。"胡适答道。

志摩却用微笑来回答。从他眼神里可以看出，他是很赞同的。

"歆海（编者按，指徐志摩前妻张幼仪的哥哥），那么我们四个人都去。"我决定同他们去。

"歆海也去吗？"志摩询问道。

"当然，我陪海粟跟你们去。"张歆海附和说。

"那让我刮刮胡子再走。"胡适忙去找剃刀。

果然，我很快证实，胡适的描述并非文学夸张。我见到的王太太，便是当时北京著名的美女陆小曼。

吻火
朋友眼中的徐志摩

小曼名眉,和我同乡。她的父亲陆定先生在清末中过举人,也到日本留过学,任北洋政府外交部的司长及参事约二十年,是一位和蔼的长者。

小曼在上海度过幼年,九岁随母入京,就读于法国教会学校圣心学堂,父亲又为她请了一位英国女教师传授英文,到了十六岁,英、法语都说得很流利,并能用英文写作。她很爱读书,原文小说看过不少。她又是北京梅(兰芳)派京剧名票,并擅长跳舞。外交部举办舞会,这位著名闺秀不到场,便要减色,她一出现,四座欢腾。就是中外女宾见到她也叹为天人。追求她的非常多,但是在长辈的决意下,她终于在一九二〇年和王赓订婚。

王赓是江苏无锡人,毕业于清华大学,先在美国普林斯顿攻哲学,后入西点军校研究军事,与艾森豪威尔同学。一九一九年,北洋政府任命顾维钧为巴黎和会代表,王赓担任武官。"一·二八"沪战期间,他挟着机密地图入理查饭店,被日本领事馆所掳,在报纸上轰动很久。一九四二年,在去美国途中死于埃及尼罗河边。

刘海粟　回忆老友徐志摩和陆小曼

三、爱的火花迸发

志摩同王赓是好友。王与小曼订婚后，常邀志摩一起玩，星期日三个人常去看戏跳舞，也同游过西山。起初，志摩与小曼之间感情很纯洁，自然也很融洽。后来，王赓很忙，常常叫志摩陪小曼去玩，徐与陆之间也没有发生爱情。

北京当局任命王赓为哈尔滨警察局长，王去东北上任。志摩受王赓之托，常去看望小曼。在一起接近多了，小曼渐渐觉得在志摩身上有不少王赓所没有的优点，首先是爱好与志趣同。艺术与文学，使他们之间缩短了距离。久而久之，便互生爱慕。用小曼自己的话来说："他给我的那一片纯洁的真，使我不能不还他一个整个的永没有给过别人的爱。"过从密切，外界议论便多。志摩为了自拔，于一九二五年三月赴欧洲，二十六日到柏林，他的儿子彼得又在一周前死去，使他很悲伤。七月接到小曼病重电报返国，他们之间已是难解难分了。

我第一次到小曼家，她看上去不到二十岁，非常年轻，说一口北京话，很像个小姑娘。她听了胡适的介绍，加上平时志摩谈话中对我的描述，见了面，很热情地拿出一叠画来要我批评。我很诚恳地指出："你的笔力很稚嫩，但是有韵味，感觉很好，有艺术家的气质与天才，可以坚持着画下去。"

陆定先生对我很器重。陆夫人也是常州人，和我还多少有点瓜葛之亲,因为同处异地,就格外亲热。

这时,志摩和小曼虽然都在和胡适闲谈,但这两个人都是一副心神不定的样子。我慢慢看出一些眉目来了。后来,郁达夫描写这段生活说:"忠厚柔艳如小曼,热情诚挚若志摩,遇合在一道,自然要发放火花,烧成一片,哪里顾得到纲常伦教,哪里顾得到宗法家风。"其实,当时正是顾忌古老的纲常伦教和宗法家风,才使两个人愁肠百结。

有一天的晚上,志摩来找我谈心,说:"海粟,陆老先生和老夫人对你真亲近啊!"

"同乡。亲不亲,故乡人嘛。"

"海粟……"

"志摩,你有心事怎么不跟我说呢?"

"你看出来了么?"

"当然!"我关切地点点头,"你自己不觉得已经下意识地爱上小曼了?"

"我和小曼相识两年。起初,说句内心话,我没有想谈恋爱的意思,我们处得很自然。但是越谈越投机,便产生了爱情。理智告诉我,我不能辜负王赓的信任。我就跑到上海和欧洲,想把这件事忘掉。想以写诗和译书来跳出苦海。然而不行,越分开,心里越热。在我出国期间,小曼写的日记十分动人,可以说是很好的散文诗。"志摩说得杂乱无章,

刘海粟　回忆老友徐志摩和陆小曼

显得心绪紊乱。

"我问你,现在你们怎样?"

"现在,小曼已试探过父母的口气,离婚谈不通。王赓也不可能同意。昨天,王赓到上海去了。我们是好朋友,不说出来,我痛苦极了。但说起来又难以启齿,也未必有什么用处。你给我想想办法好么?不然,小曼也要愁坏的……"志摩的嗓音低沉,说到小曼,充满感情。

"看你急得这个样子!我慢慢来给你们疏通。爱情是双方的事,没有爱情拴在一起,不可能幸福。我可以找王赓谈谈,你也可以和王赓直接提出。他是聪明人,会尊重爱情的。"

"我……不能!"志摩啜嚅着,神情显得紧张。多情的志摩,究竟很忠厚。

此后,我常到小曼家去玩。陆夫人听我提起这件事,又觉意外,又不意外。她也很坦率地说:"海粟,你我都是常州有名望的世家,女儿结讨婚又离婚,离婚再结婚,说起来有失体面家声,成什么话呢?"

"然而,婚姻不愉快,小曼的身体会垮的。现在她心事太重,在客人面前总是强颜欢笑。您老人家年长,见多识广,过去为了婚姻不如意而死去的青年男女很多,何况志摩也是个很难得的人,配得上小曼!"

"我和小曼父亲很喜欢王赓,才做主定下这门亲事。虽然我们对志摩也没反感,只是人言可畏啊……"

我又讲起自己在婚姻上的情形。其实,我逃婚的故事,她是知道的。听我劝说,老太太默然叹息。不久,她爱女心切,对此也就不闻不问了。

经过商谈,小曼母女决计和我一道去上海。给我和小曼送行的,除去胡适、志摩、陶孟和,还有几位著名教授,可见小曼在京也要算红极一时的人物了。

四、喜事告终,悲剧开始

我回到上海家中的第二天,志摩追踪而至。他几乎没有怎么休息,和我谈到深夜,除去讲到他在欧美的情形,主要的内容还是他和小曼的爱情。

那时,我的挚友杨杏佛也陷入了情网。他正迷恋着上海著名的闺秀唐瑛。这位小姐在上海,如同陆小曼在北京那样为很多人崇拜。她的家庭为她选定的夫婿,是杏佛的好友、留美学生、宁波富家子弟李祖法,弄得杏佛进退维谷,形容憔悴。

返沪第三天,我在功德林菜馆请客,被请的有陆老太太、小曼、志摩、王赓和杨杏佛、唐瑛、李祖法两组三角矛盾的

刘海粟 回忆老友徐志摩和陆小曼

主角,还有志摩妻张幼仪的哥哥张歆海、唐瑛的哥哥唐腴庐。这个场面是极有戏剧性的。人物之间关系微妙,纠葛复杂。

"艺术叛徒,你又在搞什么花样?"张歆海同我开玩笑地说。

我便高谈阔论,讲到爱情与人生的关系;讲到男女结合的基础是爱情,没有爱情的婚姻是违反道德的。夫妇之间如果没有爱情而造成离婚,但离婚后还应当保持正常的友谊。友谊和爱情是不同的范畴,不可混为一谈。今天请诸位好友来欢聚一起,就是想讨论这点道理。

这一番话,说得客人们都很高兴,虽然高兴的内容并不相同。

想不到这次宴会给志摩解决了难题,他根据我的论点给王赓写了一封长信,把他认为永难解决的僵局打开了。王赓收到信后,同意和小曼离婚。

志摩父亲申如先生对于儿子和前妻张幼仪离婚一事十分反感,现在又听说要和小曼结合,说什么也不同意,这使志摩为难。经过朋友的劝解,老先生提出:一、婚费自筹;二、婚后新妇要回浙江桐乡石门乡下居住;三、必须请梁任公先生证婚。末一条最难办,靠胡适从中周旋,总算办到,志摩很感激。

这一段回忆,我说过多次,都颇觉有趣。但是到了志摩和小曼结婚后他们的生活，我就怕回忆了。他们被迫"隐居"在石门小镇，生活很清苦。娇生惯养的小曼突然过清苦生活，倒还能熬，主要是被公公鄙视所遭受的精神压力，她是难以忍受的。第二年春，柔弱的小曼就得了肺病。

五、无法填补的空白

那时候，我和张韵士双双到了欧洲，和傅雷等一起在巴黎，经常收到他们的来信。当时巴黎正是春季多雨，每于风雨中，便想起志摩和小曼的石门乡下的生活。后来，我为志摩在上海谋得一个编译书稿的差事，也设法补助一点钱给他们。小曼一个人在乡间，似乎度日如年。当时，我总以为小曼多病，会先志摩而去，谁知志摩不幸因飞机失事早逝，小曼却长寿了。

志摩的死，实在突然。虽然人生自古谁无死，但志摩死得太早。这样才华横溢、春秋正富的年轻诗人，倘天假其年，不知会创作出多少美好的诗篇；也一定能为新文化创造出美妙得像诗一样的史迹。他的死，至少是使他那一流派和风格，出现了一页无法填补的空白。

志摩的死，最使我难受的，是他在新文化运动中因风格流派不同而被自己的伙伴所误解，并且在艺术的历程中为自

刘海粟　回忆老友徐志摩和陆小曼

己人所误伤。志摩心情是抑郁的。使我不安的,正是他在抑郁中不幸死去。这一段感情上的空白,也是很难填补的。

小曼在志摩死后,忽然硬朗起来,也坚强得多。她后来成为一个风格秀丽的工笔画家,擅仕女、兼花鸟,同时又是一个很有特色的小说家和散文作家。我多年来一直保存着她的字画和作品。新月社出版了她和徐志摩合作的诗和剧本,尤以《卞昆冈》一剧,堪称佳品。她的《爱眉小札》一书,一如她本人,清丽秀美,又娴静端庄。中年的陆小曼,有点像影星徐来和袁美云,但都比她们要美得多,深沉得多。可是,她始终生活得很清苦,但又很宁静。关于感情和生活道路上的事,我作为老友,只是表示关切,就不便多去过问了。

抗战军兴,我远在南洋,后来回国,心绪不佳。从抗战胜利到新中国成立,正处在暴风骤雨般的社会变动中,老友之间亦少有问候。(二十世纪)五十年代后期,我戴了右派帽子,幸周恩来总理的关怀,我终于摘了帽。三年困难期间,我因病住院,也是周恩来总理的一张批示,让我住进了华东医院。

在医院里,我意外地见到了陆小曼。小曼已年届花甲,但依然清秀。满头斑发,是岁月的记忆;脸上无数鱼尾纹,是艰苦生活的印证。但是她还是那样柔和和温文。

"小曼,能在这里重晤老友,也是前缘。"我说。

吻火
朋友眼中的徐志摩

"要不是毛主席关心,只怕我已不能在这里见到你了。"小曼平静地说。

原来小曼那几年一直坎坷,生活上较艰苦,又患了大病,正无力医治。适巧毛泽东主席在上海。在一次偶然的谈话中,他向文化界人士询问:"从前有位很漂亮又很有才气的女画家陆小曼还在吗?"

"主席也知道她?"上海文化界人士答道。

"怎么不知道!大名鼎鼎的女才子,徐志摩诗人的妻子嘛!"毛主席说。

有人告诉毛主席:陆小曼正在贫病中,需要治疗。毛主席就立即批示:要帮助解决困难,并适当安排一个位置。于是,陆小曼被上海市人民政府聘为文史馆员,并送到华东医院。

陆小曼和我见面时,正是上海秋雨连绵之日。她和我谈了几十年来的生活经历,使我觉得仿佛她一直在风雨泥泞中走路,现在始见到一丝阳光,但是那阳光是么淡……

小曼过了两年安定的生活,也终于去世了。如今又过了二十余年,我已九十多岁了,想起年轻时与志摩、小曼在北平相处的那一段日子,好像还在昨天。

(选自《文史精华》一九九八年第二期)

◀英国人阿瑟·韦利,即魏雷先生

[英]魏雷　梁锡华 译
我的朋友徐志摩

他似乎是一下子就从中国士子儒雅生活的主流跳进了欧洲的诗人、艺术家和思想家的行列。这个人就是徐志摩。

一般人认为我们有些物质上的东西(不管是好是坏)系自中国输入。关于这方面的文字是已经发表不少了,其中存在若干虚构的成分——这个现象可说是该庆幸的,因为据说火药也是拜中国之赐。过去二三十年间,有一位很有耐性的专家不时会写信给新闻界,反驳欧洲的印刷技术是源自中国这一个说法。另有其他的专家,则经常不断地提供证据,说中国人并没有发明指南针。

写我们在知识领域上从中国受益的文字就少得多了,然而就在这里,奇妙得很,当我们从具体事物的范畴转到抽象的知识范畴时,却感到有把握说点实际的话。至于中国如何影响我们现代知识界的生活,这个问题在出版界中更没有片言只字的记载。我想到此事是有来由的,因为我最近重读史勒奇(Lytton Strachey)的一篇论中国诗歌的文章;该文远在他的大作《维多利亚时代的英才》(*Eminent Victorians*)出版之前作成,而其他助他成名的著述也在多年后才面世。史勒奇写道:"我们不禁要说,在这本书内(指翟尔斯那本《中诗英译》)的诗歌,是这一代人所知的最完美的作品,虽则那些篇章早在千百年前就写成了。"史勒奇为人对异邦事物持牢不可破的成见;他全然受英法两国文化的熏陶,而一贯的行文手法,又是含蓄内敛的。这样的一个人,竟然写出上面的赞词,实在出人意料。导致他这样下笔的原因,当然部分是由于翟尔斯在翻译上所采取的形式(那是蓝普森的社会诗一类形式,因此也间接和浦勒特以及18世纪的传统同气相投了)。史勒奇又说:"我们读这本书,就宛如置身于凡尔赛宫的回廊。"不过这里另有一个因素。在我们与中国的关系中,一个大转折点已来到了。至今为止,所有到中国的英国人都

[英]魏雷　梁锡华 译　我的朋友徐志摩

是为政治原因,他们不是传教士、军人、商人就是官吏;但约在这时候,另有一班人开始访问中国——是有余闲而渴望多认识世界的人,他们是诗人、教授、思想家,大多数都是史勒奇的朋友。

另方面,狄更生(Lowes Dickinson)、罗素(Bertrand Russell)、楚辅彦(Robert Trevelyan)等人到中国的目的并非传教、贸易、做官或打仗,而是老老实实地交友和学习,他们跟中国人来往接触,使中国人对我们有面目一新之感。在从前,英国人当中曾有超卓不凡之士寓居中国,但对中国的知识界毫无影响。戈登(Gordon)此人,就知名度而论,在中国人眼中不过是一个外籍技师,受异邦皇朝之聘监管兵炮。理雅各(James Legge)在汉学界中是一个最有实学的先驱者,不过在他所接触的中国人中,似乎没有一个在知识界的地位能逾越乡村塾师的身份。但罗素却猝然成"子",意思是说他在中国人眼中成了个圣贤之士,以至在今天的中文出版物中,"罗素说"这三个字几乎可与"子曰"一语分庭抗礼了。

以往多年来,中国学生一直到英国接受工业教育。在剑桥大学那一班,大部分来自新加坡;他们当中许多不能说中文,写就更不用谈了。大战刚过后,有一位在中国已略有名气的诗人到了剑桥。他似乎是一下子就从中国士子儒雅生活的主流跳进了欧洲的诗人、艺术家和思想家的行列。这个人

吻火
朋友眼中的徐志摩

就是徐志摩。

史勒奇把中国的过去和现在想象为一个悠长的18世纪。他把这个框框套在徐志摩身上一定觉得格格不入。从来没有一个人像徐志摩那样全人全心地把自己归属于浪漫主义的时代,拜伦是他的模范和英雄。他爱把自己看为是中国的哈罗德公子(Childe Harold),虽然以天性而论,他并不适合扮演这份角色。他的瘦长脸孔没有一点拜伦气,而他那倔强的嘴巴,在五官中似乎是更明显地表露出他生活的决心——他要吾行吾素。他也没有丝毫沾染拜伦式的愤世嫉俗。

徐志摩曾写道:"我一生的周折都寻得出感情的线索,这不论在求学或其他方面都是一样。"他热切期望要坐在罗素脚前受教,但当罗素在中国时,徐志摩却在美国。不久美国报纸突如其来地报道罗素的死讯,使徐志摩大洒哀泪并痛书悼诗,但事后那条新闻证实全属子虚,结果徐志摩就越洋赴欧,盼望找到在剑桥讲授哲学的罗素。然而罗素早就给剑桥除名,他那时卜居伦敦,忙于写新闻专栏及一般性的教育书籍。他没有时间设帐授徒。

剑桥的吸引力已失,徐志摩在伦敦大学政治经济学院过了六个月寂寞无欢的光阴;其后他在一个政治集会上邂逅狄更生。徐志摩早就念过狄氏《中国人的来信》以及《现代专论》这两部著作,并且击节赞赏。但现在跟这位的确是代表

[英]魏雷　梁锡华 译　我的朋友徐志摩

儒雅睿智的狄更生亲自见面，徐志摩感受之深，是远超乎读书所得的印象。他又寻到一位师尊了。不久，由于狄氏之介，他得入剑桥王家学院为特别生。

狄更生这位师尊却是一现即隐的，因为他本人似乎常跟自己的姊妹一起生活在伦敦，要不然就是寄寓欧陆。无论如何，徐志摩在剑桥鲜有机会见到狄更生。至此，徐志摩那充满东方色彩的寻师问道的历程也就结束了。他的顶礼心情和朝圣脚踪，愈过愈指向文学的领域。他访康拉德（Conrad）、威尔斯（Wells）、哈代（Hardy）、毕列茨（Bridges）；在这一连串的谒见中，他创造出一种中国前所未有的新文体，就是"访问记"。这种文字激情四溢，是因发现新事物而沸腾的一种内心兴奋，与普通新闻式的报道迥然不同。

徐氏这种新文体最精致的一篇作品（或者也是他文章的代表作），栩栩如生地并且极其诚挚地描述了他和曼殊斐儿（Katherine Mansfield）那次戏剧性的会见。他热爱曼殊斐儿的文字。他费时多月，为求那一面之缘；最后他获得邀请，在一天晚饭后到彭德街作客。他入屋时情绪万分激动；步入房子内，他眼前出现一个漂亮女郎。正当希望陡升之际，他却发现那丽姝原来不是曼殊斐儿，而他耳朵所听见的，乃是曼殊斐儿病得无法见客。

稍后他听到楼梯有隆隆的步履声，那沉重的音响震动了

吻火
朋友眼中的徐志摩

彭德街那座小房子。徐志摩吓了一跳,他向屋主人发问,得到如下答复:"那是华德鲁,他和曼殊斐儿谈过话来。"(华德鲁是个身材硕大的外交官)当然,以一个病人而言,跟老朋友聊天和接见全然陌生的外国来客是两件截然不同的事。徐志摩的确没有想到这一点,但他却感觉对方是因种族歧视而把他拒于门外。

他在大门口告辞时开口说:"曼殊斐儿小姐不能下楼使我非常失望。我是万分切望要见她的。"紧接来的回答是:"要是你不嫌麻烦上楼去见她,那当然可以……"说时迟那时快,徐志摩眨眼之间已经进入曼殊斐儿的卧室了。这场会见只有短短的二十分钟,但却成了他最宝贵的记忆。

徐志摩在一九二五年写了《想飞》,在该文中他说:"凌空去看一个明白——这才是做人的趣味,做人的权威,做人的交代。这皮囊要是太重挪不动,就掷了它,可能的话,飞出这圈子!"这位赞美飞天的作家在北平和上海过了几年充满激切和热情的生活,最后于一九三一年,在一个奇异的反讽式场合中,乘飞机遇难。

我已经说过了,徐志摩是中国在战后给我们知识界的一项影响。我们对中国的文学和艺术所知已不少了,也略懂二者在古代的炎黄子孙中所起的作用,但我们却不大清楚文学艺术这些事物在现代中国有教养的人士中的地位如何。我们

[英]魏雷　梁锡华 译　我的朋友徐志摩

从徐志摩身上所学到的,就是这方面的知识。

当论及我们的时候,徐志摩向他的同胞特别提到,英国并不是除了人口拥挤的商业城市就别无所有的国家。徐氏是第一个描绘英伦风景和建筑的中国作家,并且写得满纸热情。拜伦潭、王家学院礼拜堂、干华尔海岸……都是他的材料。他也做了不少零碎的翻译,包括惠特曼(Whitman)、泰戈尔(Tagore)、史蒂芬斯(James Stephens)、华兹华斯(Wordsworth)等。他亲口告诉我,他把华兹华斯的格律——主调、重音等全部译出(不过我认为他对华氏诗歌在原文诵读方面的见解是颇主观的)。

徐志摩是本文的主题,但在开头时我引过史勒奇所说的话,就是他在文学生涯肇始时,对当代出版的《中诗英译》所发那几句褒话;不过照我所知,在他已出版的著作中,他没有重弹关于中诗的旧调,甚至连暗示也没有。然而他实在模仿过我所译的中文诗,写了一些很有趣但无印行价值的滑稽韵词。按他的见解,我的译作完全缺乏"凡尔赛宫的回廊"的风味,这是他至感失望的。巴侯斯(Backhouse)和布兰德(Bland)那本书使他对慈禧太后大感兴趣,结果他写了《天子》这出悲剧。该剧事于一九二一年在凤凰戏院上演,由格兰特(Duncan Grant)设计服装(那些戏服甚美),华尔敦(William Walton)负责音乐。或者是该剧上演的失败使史勒奇对中国的兴趣一落千丈,而他也感到,中国这个题目对他过于隔膜,并且也颇难驾驭。在他的名著《维多利亚时代的英才》一书内,论"戈登"那部分所接触到的中国事情,曾受别人不少的批评,而他也实在没有提供充实的资料去支持他笔下的论述。

上面所写的都是陈年往事。晚近照一般人所知的,有小张(Plato Chang)这位快笔手的素描以及《王宝钏》一剧的满堂红卖座纪录,但陈寅恪被任命为牛津大学中文教授一事却少人关注,事实上此举在中西交往历史上是重要非凡的。在此之前,从来没有一个中国人在欧洲取得讲座教授的资格。单是这项任命(因环境关系陈氏目前不克接任),就说明我们到底是愿意以一个具体的行动表达我们多年来对中国学术的钦仰和崇敬。

[英]魏雷　梁锡华 译　我的朋友徐志摩

附：徐志摩致魏雷书

魏雷先生：

很高兴收到来信，狄老寄来一本你新面世的大作，但我还没有时间详细拜读。我想写一篇文章，论述你这本翻译中文诗以及介绍我国艺术的皇皇新著，但至目前为止仍未动笔。我们计划出一个新的周刊，大致像伦敦的《国民杂志》那样。但我们没有定下什么政治或其他方面该奉为圭臬的原则，不过我们倒有点自负，要把杂志定名为《理想》。创刊号最迟在四月面世。到时会引起不少人的嘲笑，也有一些人会对之切齿。对于这一切预期的反响，我们都准备洗耳恭听。中国现状一片昏暗，到处都是人性里头卑贱、下作那一部分的表现。所以一个理想主义者可以做的，似乎只有去制造一些最能剌透心魂的挖苦武器，借此跟现实搏斗，能听到拜伦或海涅一类人的冷蔑笑声，那是一种辣入肌肤的乐事。

我寄上一本温飞卿诗集。他本传里说的"侧辞艳血"，大概是指他的《金筌词》，这我一时找不到单印本。元人的短篇小说现在也没有集子，胡适之说我们竟无从知道现存的短篇中那些不是元代的作品。我们一个朋友新出一本《中国小说史略》（周树人著）颇好。我也买一本寄给你。适之的《白话文学史》还不曾印成。

泰戈尔快来中国了。这事将轰动一时。我已收到狄更生的来信，会很快复他的。

请代候卞因先生。

徐志摩启

一九二四年二月二十一日

北京西城石虎胡同七号松坡图书馆

（原载一九七九年八月三十一日台湾《联合报》）

◀卞之琳像

卞之琳
徐志摩诗重读志感

徐志摩是才气横溢的一路诗人。他给我们在课堂上讲英国浪漫派诗,特别是讲雪莱,眼睛朝着窗外,或者对着天花板,实在是自己在作诗,天马行空,天花乱坠,大概雪莱就是化在这一片空气里了。

做人第一,做诗第二。诗成以后,却只能就诗论诗,不应以人论诗。诗以人传,历来也有这种情况。但是作为文学现象,作为艺术产品,诗本身就是一种独立存在,在历史的

吻火
朋友眼中的徐志摩

长河里,载浮载沉,就终于由不得人为的遥控,尽管有的禁得起几上几下,翻多少筋斗,历无数沧桑,有的不然。话当然也不能说绝,各时代有各时代的风尚,各人也各有所偏好,不可能纯客观。

好像是空谷来风,我一开头说这几句,是有所指的,这就是针对徐志摩先生(1896—1931)和他的诗创作。想当年,"九一八"事变后两个月,好像恰合他身份似的,老"想飞"的诗人坐飞机(那时候很少人有机会坐飞机)在济南附近触山焚化了。这在当时也曾惹起一番热闹,然后连人带诗寂寂无闻了一长段时间,以后不知怎样的,又受到了注意。今年初,这里出版社旧事重提,约我编一本《徐志摩诗选》,并为写序。这几天,刊物也反映读者要求,又催我帮助选他的几首诗,并说几句话。我感到义不容辞,这大概是因为诗的关系,也因为人的关系吧?

固然,"志摩与我"(借用当年的热闹题目)在两方面都有一点直接关系。就人的关系说,我做他的正式学生,时间很短,那就是在一九三一年初,他回北京大学教我们课,到十一月十九日他遇难为止,这不足一年的时间;就诗的关系说,我成为他的诗的读者,却远在一九二五年我还在乡下上初级中学的时候。我邮购到《志摩的诗》初版线装本(后来重印的版本颇有删节)。这在我读新诗的经历中,是介乎

卞之琳　徐志摩诗重读志感

《女神》和《死水》之间的一大振奋。现在,过了半个世纪,总是增长了一些见识,重读他的几本诗,我敢于不避武断而说几句感想,或者还有助于我们今日的读者。

徐志摩是才气横溢的一路诗人。他给我们在课堂上讲英国浪漫派诗,特别是讲雪莱,眼睛朝着窗外,或者对着天花板,实在是自己在作诗,天马行空,天花乱坠,大概雪莱就是化在这一片空气里了。现在我只记得他在讲课中说过:他自己从小近视,有一天在上海配了一副近视眼镜,到晚上抬头一看,发现满天星斗,感到无比的激动。这或者多少启发了他自己诗创作里常显出的一种灵感。

徐志摩交游极广。他对人热诚,不管是九流三教。周围仕女如云,就像拜伦和雪莱一样,生活上也招致不少物议。他,据中学同学郁达夫先生说,是同学里最顽皮的孩子,可是考起试来门门功课得第一。他自谦不懂科学,可是他老早就发表文章介绍过爱因斯坦的"相对论"。他写过为世所诟病的一行诗:"思想被主义奸污得苦",可是从本诗上下文看来就还不能说是针对哪一种"主义"。而他在《落叶》散文集里写到过"为主义牺牲的决心……那红色是一个伟大的象征,代表人类史里最伟大的一个时期;不仅表示俄国民族流血的成绩,那也是为人类立下了一个勇敢尝试的榜样"。他喜好自引一位朋友对他的批评:"感情之浮""思想之杂",其中不无一定道理。这也和他的身世有关。

徐志摩出身于浙江硖石大镇的一个铜臭熏人而附庸风雅实即封建化、买办化倾向明显的富裕商人家庭。他从小被泡在诗书礼教当中,被训练得能信手写洋洋洒洒的骈四俪六文章。家里要他当银行家,就送他出洋镀金。但是正好在美国,看到欧战结束,举国若狂的兴奋景象,反而促进了他的爱国热肠。美国的资产阶级生活、物质文明,却又促使他违背父辈的初衷,抛下唾手可得的博士学位,跑去英国剑桥大学,吸烟、划船、骑自行车、读闲书,过落后于时代的优游日子。他在五四运动后不久回国前,和由包办而结缡的夫人离婚,力争所谓人格的尊严、恋爱的自由。回国以后,他的所谓"理想主义"(还是"主义"!),所谓要"诗化生活",在现实面前当然会碰壁。碰壁是好事,他的深度近视眼里也没有能避开过军阀混战、民不聊生的人间疾苦。

这些驳杂的思想感情,在他的诗里都有所表现。他的诗,不论写爱情也罢,写景也罢,写人间疾苦也罢,我感到在五光十色里,不妨简单化来说,其中表现的思想感情,就是这三条主线:爱祖国,反封建,讲"人道"。这三条不是什么"先进"思想。但是这讲起来似乎显得陈腐的三条,在我们的今日和今日的世界,实际上还是可贵的东西。

徐志摩开始大写新诗的日期也说明了和这种思潮有关联

卞之琳　徐志摩诗重读志感

的意义。"只有一个时期",他自己说,"我的诗情真有些像山洪暴发,不分方向的乱冲。那就是我最早写诗那半年,生命受了一种伟大力量的震撼,什么半成熟的未成熟的意念都在指顾间散作缤纷的花雨。""那半年"算起来应是在一九二一年从美国转到英国以后,在他二十五岁的时候。他自己说:"在二十四岁以前,诗,不论新旧,于我是完全没有相干。"这正是在五四运动后一二年。这和国家大事有关,和私生活也有关。他在一九二二年秋后回国,两年后所写的就在一九二四年集成《志摩的诗》,一九二五年出版,那时候他已经二十九岁了。这在徐志摩这一路诗人,一个景仰早夭的拜伦、雪莱、济慈的诗人,写诗的起步应说是晚了,想起来不由人感到意外。我们一般写过诗的,往往十来岁就对于"诗,不论新旧"都会试过笔,只是写到成熟一点就多半要折腾个至少十年八年。而徐志摩至多经过"那半年","写了很多""但几乎全部见不得人面的"诗(我们也不知道谁见过),到后来收入《志摩的诗》一集的那些作品,就显出十分成熟的样子了。这也奇怪,难道真所谓"大器晚成"吗?而再过十年,他又什么都完了,连人带诗,真像一颗流星。说来又真显得离奇,我在今日,和过去许多人说过的不同,认为他生前出版过的三本诗集当中,《翡冷翠的一夜》并非他全盛时期的高峰,而是开始走的下坡路,尽管其中和《猛虎集》以及死后别人为他编集出版的《云游》里确有些更炉火纯青的地方，最可读的诗还是最多出之于他的第一个诗集。

徐志摩自己在去世那一年出版的《猛虎集》自序文里说，他在《志摩的诗》以后，写诗陷入苦吟，看来确乎关系到他在这时期出尽风头的表面底下的"实际生活"的"波折"和"枯窘"。所以一九三一年"九一八"事变以前他那一阵诗兴的"复活"，尽管为时代从一个角度推波助澜，自己的产品终还是过去的余绪。若天假以年，再在现实里经过几个更大的"波折"，大难不死，可以期望有一个新的开端。事实证明，到他在大雾中飞行触山物化为止，尽管他在《猛虎集》自序里哀叹着"我知道，我全知道""这是什么日子""遍地的灾荒与现有的以及在隐伏中的更大的变乱"，等等，但是他还是"不知道风是在哪一个方向吹"。

说来又好像很怪，尽管徐志摩在身体上、思想上、感情上，好动不好静，海内外奔波"云游"，但是一落到英国、英国的十九世纪浪漫派诗境，他的思想感情发而为诗，就从没有能超出这个笼子。布莱克是浪漫派的先行者，华兹华斯、拜伦、雪莱、济慈当然是浪漫派，维多利亚朝诗人、先拉斐尔派以至世纪末的唯美派都是浪漫派的后嗣或庶出。就是写诗最晚的哈代，以他的嘲世思想、森寒格调，影响过徐志摩诗创作，或者可以称为现实主义派吧，其实也还可以说是颠倒过来的

卞之琳　徐志摩诗重读志感

浪漫主义者。尽管徐志摩也译过美国民主诗人惠特曼的自由体诗，也译过法国象征派先驱波德莱的《死尸》，尽管据说他还对年轻人讲过未来派，他的诗思、诗艺没有越出过十九世纪英国浪漫派雷池一步。

妙处却在于徐志摩用我们活的汉语白话写起自己诗来，就深得他们那一路诗的神味、节奏感，虽然他还未能像闻一多先生一样，进一步引进他们所沿用的英诗格律，而在不少诗创作实践里，根据汉语白话的特性，发展出一种新诗格律的雏形。徐志摩自己说，"我的笔本来是最不受羁勒的一匹野马，看到了一多的谨严的作品我方才憬悟到我自己的野性"。尽管他说"不容我追随一多他们……下过细密功夫"，还是受了一九二六年北京《晨报》对于诗的形式问题讨论的消极一面的影响，也有点盲目追求以单音字数整齐为建行标准的不合乎现代汉语规律的错误要求，结果和许多人甚至闻一多自己的许多诗篇一样，造成了"方块诗"的不良风气。这也在艺术上配合了徐志摩自己诗创作的日趋枯窘，再没有早期的生气了。

剔除了这些欠缺，我们就容易看出为什么徐志摩还颇有一些诗，特别在艺术上，能令今日的我们觉得耐读，不难欣赏，而且大有可供我们琢磨一番的地方。

"五四"开头，主张写白话文，用白话写"新诗"，其至讲"全盘西化",也可说是矫枉过正,从历史意义说,也无可厚非。这些先行者,实际上都不懂西诗是怎样的,写起白话诗来基本上都不脱旧诗、词、曲的窠臼(其中有的人根本毫无诗的感觉,有的人相反,对诗决不是格格不入,那是另外一回事)。《女神》是在中国诗史上真正打开一个新局面的,在稍后出版的《志摩的诗》接着巩固了新阵地。两位作者都是从小受过旧词章的"科班"训练,但是当时写起诗来,俨然和旧诗无缘,而深得西诗的神髓,完全实行了"拿来主义"。他们实际上都首先得到了惠特曼的启发,后来才逐渐分道扬镳。《死水》的作者,是对古典文学很有根柢的,但写出成熟的《死水》,却先经过《红烛》那样幼稚的阶段,进一步又以较后问世的《死水》的诗创作实践,用洗练的白话,特别是口语,作为诗表达的工具,并结合新诗格律的有意识探索,超出了《志摩的诗》。然而,半个世纪前一些先辈共同奠定的用白话写诗的道路,至今还没有成为康庄大道,通行无阻。实际上,我国五四运动的纲领之一的反封建任务,至今又何尝彻底完成?讲到这个历史任务,事实是经过了欧洲文艺复兴、英国革命、法国革命、巴黎公社、十月革命,在今日世界上最广大地区,不管经济基础发展到什么地步了,上层建筑发展成什么格局了,大家的身上难道已经都把封建残余思想清除得一干二净了?所以也不足为怪。

卞之琳　徐志摩诗重读志感

《志摩的诗》和《死水》,虽然风格不同,一则轻快,一则凝重,虽然同样"拿来"西诗形式,也掺入一些文言词藻,但用现代汉语,特别是以口语入诗,都能吐出"活"的、干脆利落的声调,很少以喜闻乐见为名,行陈词滥调之实。

更进一步我们就会注意到徐志摩(当然还有闻一多)用白话写诗,即便"自由诗"以至散文诗,也不同于散文,音乐性强。诗的音乐性,并不在于我们旧概念所认为的用"五七唱"、多用脚韵甚至行行押韵,而重要的是不仅有节奏感而且有旋律感。

我国五四运动以来写"新诗"的流行方式,经过一些曲折或螺旋式发展,到今天还是回到以分行写白话诗为主流。相反,有的甚至把白话诗就叫"自由诗"。而经过旧诗词以至散曲和民歌的学习,大家好像既不满足于写文言诗,也不完全满足于写"自由诗"这个也是"拿来"的形式,而不由自主地又倾向于写四行一节,押上一种或几种脚韵的白话诗。这大概也是受客观规律的驱使。

四行一节固然是古、西历来如此的最普通形式,但是我国《诗经》和词曲就有多种大体整齐的形式,外国也是如此:多样化。对称也是整齐。诗是文学的一个门类,借鉴外国,也是理所当然。而我们一般诗读者,通过不负责任的翻译,看见外国诗("自由体"除外)就是七长八短的分行,就是毫无章法押几个脚韵，以为这就是人家写诗的原来样子，也就受了影响。现在我们再读几首徐志摩的艺术形式上较为完美的诗篇，或者还可重感到一些新鲜味道，新鲜花样。他的短诗就不是一个模式。那里的节式就有多样，而大体整齐；那里的脚韵也有多样，还有交错押韵的。说是来自西欧，其实我国《诗经》和《花间集》就有，甚至还有押"阴韵"这个好像完全是外来，其实也是从《诗经》到现代民歌都有的玩意儿。再有叠句或变体的叠句，也不是歌曲里才有，外国诗里才有，看看我国《诗经》有没有？难道我们写新诗用这一套就是浪费吗？精炼，并不在于避免这种重复。节奏也就是一定间隔里的某种重复。

这些都是出于不是随心所欲地讲求诗的"音乐性"，而是在活的语言以内去探求、去找出规律的要求。

而徐志摩自认为写起诗来是"脱缰的野马"，在这些方面，好像出于"天籁"，只是做到个大体而已。这方面还留待写《死水》的闻一多带头在实践与理论上作进一步探索。

关于这些，光凭说说，那么千言万语也说不清楚的。我想最好还是选他的几首诗来仔细读读。

一九七九年七月三十一日

（选自《诗刊》，一九七九年第九期）

◀赵景深像

● 赵景深
志摩师哀辞

我对于文学发生兴趣,是由于两位师长的鼓励,一位是洪北平先生,一位便是徐志摩先生。今年十一月十九日济南号飞机失事,志摩师竟遇难惨死,实深痛惜。徐师的诗和散文,尤其是诗,在现代文学史上已经有很高的地位;倘天假以年,必能更有闪耀的光辉。现在我写一点追怀的话,他日有暇,还想详细地介绍他的诗文。

我国新文学运动的开始实是新诗,在小说只出了两三本的时候,新诗倒出了十几种。当时人们写惯了无韵诗和小诗。

吻火
朋友眼中的徐志摩

徐师忽以西洋体诗在《时事新报》的《学灯》栏内刊出，使人们耳目为之一新。记得这首诗的题目是《康桥再会罢》，每行字数相等，标点或句读常在每行之间，不一定是在每行之末。也许徐师的纸幅过短，或是他的字迹太大，以致每行恰恰可以达到纸的末端吧，于是排字的人把这首诗按标点或句读分行了。这样既无音节，又参差不齐，不能一样长短，便变得与无韵诗无别。徐师特意去信更正，重排了一次。因此引起了我的注意。从此我于胡适、康白情、俞平伯、汪静之等名字外，又记住了一个徐志摩。我常想能够认识这些位先生，以致钦佩之诚。

后来知道徐师是在英国康桥大学专学文科的，于是就更加钦佩了。因为我虽是喜爱文学，只受了洪师一年的训诲，此后改习了两年纺织工业，不曾继续得到良好的导师。恰巧一九二三年南开大学开暑期学校，内中有徐志摩先生的"近代英文文学"。当时我和友人们有一个文学团体绿波社，社员议决，天津的社员一致加入听讲，于是都报名入学。其中如《夜哭》《他乡》的作者焦菊隐，《晨曦之前》《魔鬼的舞蹈》《孤灵》的作者于赓虞等都是学员。可惜讲期太短，两星期只讲十小时，此外徐师还公开演讲未来派的诗。这两种演讲我都有记录，收在我的《近代文学丛谈》（一九二五，新文化书社版）里。

赵景深　志摩师哀辞

徐师曾拿一首英译的歌德的诗要全班听讲的学生译，我得了第一奖，是大幅的歌德的照片。如今时有迁移，歌德的照片已经遗失，只剩下一张法郎士像的明信片，还存在我的匣中，作为徐师的纪念。

课余我常和几位朋友到徐师的宿舍里去访问。每在绿荫之下，蒙着太阳的光照，听徐师谈讲文学。他问我看过莎士比亚不曾，我说不曾看过，只看过兰姆的《莎士乐府本事》，他劝我看一看原书。但我终因其趣味不是近代的，不曾去看，有负徐师介绍的美意。

绿波社天津总社社员曾于徐师的讲演结束后，请他茶叙，借为话别。当时并共留一影，现此影尚在我的照相册中。席间徐师问起我将来的志愿："你是否以文学为业呢？"我说："我是这样的想。"徐师摇了摇头说："大难，大难！文学是只好作为副业的。"

徐师刚离天津，我就失了业，天津《新民意报》为了文学副刊不受读者欢迎，或是节省经费，或是为了他故，便将我裁撤。我便写信给徐师，想译稿为生。他便介绍我替《晨报副刊》译小说，给我的复信说：

……我十一离京去北戴河，不久即为祖母病危急急的南回。老人的病竟不起，她生前爱我最深，而弥留前竟不能通一言为诀,甚令悲怆!关于译小说,盼即直接与博生通信(附信介绍)。能试译哈代,最合我意,吉百龄亦可尝试。

我大约月底方能到沪,泰氏(指泰戈尔)如来,则十月初偕同北上,尔时当可会面。

一九二三,九,六

后因振铎兄介绍我到长沙去教书,便不曾译小说,但徐师的盛意是深感的。在长沙两年的教书生涯里,也常看看《晨报》,知道此时《晨报副刊》已由徐师编辑,几乎每天都有他的长篇文字。我以前知道他的笔是不大勤快的,现在忽然如此大量生产,真使我非常惊讶,对于他的精力表示钦敬。《诗刊》也于此产生,造成了今日的西洋诗体。我所译的一首歌德的诗也在这时刊了出来。《巴黎鳞爪》《自剖》《落叶》《翡冷翠的一夜》几乎都是此时的成绩。可以说一九二五年是志摩师最有收获的可纪念的一年。

与徐师一别就是两年半,直到一九二六年春天,方才第二次在上海与他相晤。我知道他到了上海,便写信给他,想去看他,并索赠《志摩的诗》(中华仿宋字排,华装)。当时他复了我一信:

太对不起你了!你信到后,我就想专程去看你先不通知

赵景深 志摩师哀辞

你,但新年来为私事在沪杭路屡次往复,不曾腾出空来,所以没去成,也没回信,请你原谅。明天(元宵)我上午到振铎家里,我叫他约你也去,不知便否,盼望你见面。我听说你快成家了,而且是苏州亲,先贺喜你,不是我俗套,因为迟早躲不了那一天,我自己也不在远,说实话,诗集明天带给你。

一九二六,一,十四

苏州亲就是指我的前妻马芝宝,他自己也不远,大约也不必加注解了。

我为了家贫无力完姻,只得临时赶译了一篇柴霍甫的《活财产》出来,拿了译稿去见徐师,想换一点钱用。那时徐师和他的父亲以及儿子阿欢都住在旅馆里。时候是早晨,他们都刚起来。徐师的父亲正在剃头,他很胖,很诚朴,完全与徐师两样,既不瘦削,亦无翩翩的风致。阿欢大约十岁左右,倒很像他的父亲,用一句旧小说上的话,生得"眉清目秀"。徐师说:"赵先生会讲童话,你请他讲给你听吧?"阿欢便缠着我讲,我只得讲了一个安徒生的《大小克劳司》给他听。我正在指手画脚的时候,志摩师弯着腰从门外骑着小脚踏车进来,叫喊说:"你看爸爸骑你的车!"阿欢拍掌大笑。

后来我又与志摩师谈诗,问他对于自己的诗所最喜欢的

吻火
朋友眼中的徐志摩

是哪一首,他说是《无题》,现在我已将这首选在我的《混合国语教科书》第二册里。

他收下了《活财产》,以备编《晨副》之用,预先给了我四十元的稿费。加以叔父资助我数百元,我便草草结了婚。

结婚后便到绍兴教了一年书,又到海丰教了半年,回沪时是一九二七年夏天,正逢徐师等在华龙路开办新月书店的时候。我把新诗集《荷花》结集起来,想因徐师之力,在新月出版。但徐师劝我暂且不要出版。我因为好胜心切,终于后来交给开明出版了。徐师,请恕我没有素养,现在我已谨慎写作了。

从这时起,我便不曾离开上海,四年半的上海生活间,时常在笔会和其他宴会席上遇见徐师。因为忙于衣食,师友均疏,此后便不曾特地去访问徐师。一九二七年有一次的访问,我曾写了一篇《是妈妈!》收在《党军上海妇女慰劳北伐前敌兵士会纪念专刊》里,谁知这竟是最后的一次访问了呢!

我的前妻死后,我又与李希同女士结婚,徐师特地来吃喜酒,还送了一个极别致的满缀着红玫瑰花的椭圆花篮。为时不过二年,想不到我竟要送徐师的白花圈了!

最近徐师的《猛虎集》出版,我买了一本来读,正在这样想念,这本诗集里已由晚唐的绮靡风格移向宗教的虔敬了,谁知这竟是他最后的著作了呢?

赵景深　志摩师哀辞

徐师的散文集题作《自剖》，封面画着他的面容，一把红刀把他的面容分作两半，旁边是些圆圈、海扇之类。以迷信说来，这似是预兆。红刀是红火，圆圈之类就是飞机的机件。集中并有《想飞》一篇。难道徐师真的应了谶言了么？

像徐师这样文采华丽，连吐一长串的珠玑的散文作者，在现代我还找不到第二个。丘玉麟虽有一点近似，总觉显露堆砌的痕迹，不及徐师的灵活。

记得朱自清说过，现代中国诗人，须首推徐志摩和郭沫若，徐师的恋爱小唱如《雪花的快乐》之类的确是值得称赞的。

《自剖》文集里有哀思辑，不想竟临到我为徐师写哀思了。白采、罗里芷、胡也频、朱大律……一个个地夭折，现在徐师又与世长辞。唉，人生的变幻无常呵！命运，命运，他的力量是这样的大，我现在才明白为什么徐师这样地爱哈代并且要我也译哈代！

一九三一，十一，二十七

（原载《新月》月刊一九三二年第四卷第一期）

凌叔华像▶

凌叔华：
谈徐志摩遗文
——致陈从周的信

《新文学史料》一九八一年第四期（总第十三期）为纪念诗人徐志摩逝世五十周年，出了专辑。赵家璧先生的《回忆徐志摩和〈志摩全集〉》一文中谈到徐在生前交给凌叔华的那箱遗稿事。最近凌叔华女士从伦敦写了一封长信给我，把此事谈得很清楚，可以补充赵文所述，是弄清这件事及其他的最好第一手资料，有必要将它公之于世，为研究徐志摩的重要史料。昨日从山东归，留济南时与陆小曼侄同觅党家庄开山志摩遇难之白马山不得，因取石已夷为平地，而停尸

凌叔华　谈徐志摩遗文——致陈从周的信

之小庙亦早拆毁,黯然者久之。抵家接此函。另外还有从纽约徐家寄来的志摩与前夫人张幼仪子积锴夫妇合照。情绪屡屡难平,挑灯写了这段小记,搁笔凄然。

一九八二年十月二十九日陈从周记

从周先生:

前几日方收到余同希世兄给我的一册《徐志摩年谱》,十分感激你的厚意,居然记得送我一册。

我匆匆地读了一遍,觉得志摩忽然又活了。这情形已是三四十年前的了!说到志摩,我至今仍觉得我知道他的个性及身世比许多朋友更多一点,因为在他死的前两年,在他去欧找泰戈尔那年,他诚恳地把一只小提箱提来交我保管,他半开玩笑地说:你得给我写一传,若是不能回来的话(他说是意外),这箱里倒有你所需的证件(日记、文稿等等)。他的生活与恋史一切早已不厌其烦地讲与不少朋友知道了,他和林徽因、陆小曼等等恋爱也一点不隐藏地坦白地告诉我多次了,本来在他的噩信传来,我还想到如何找一两个值得为他写传的朋友,把这个担子托付了,也算了掉我对志摩的心思。(那时他虽与小曼结婚,住到上海去,但他从不来取箱子!)不意在他飞行丧生的后几日,在胡适家有一些他的朋友,闹着要求把他的箱子取出来公开,我说可以交给小曼保管,

吻火
朋友眼中的徐志摩

但胡帮着林徽因一群人要求我交出来（大约是林和他的友人怕志摩恋爱日记公开了，对她不便，故格外逼胡适向我要求交出来），我说我应交小曼，但胡适说不必。他们人多势众，我没法拒绝，只好原封交与胡适。可惜里面不少稿子及日记，世人没见过面的，都埋没或遗失了。

我后来回去武大，办《武汉文艺周刊》，只好把志摩写与我的（多半论文艺的）七八十封信，每期登载一两封（那是很美的散文），可惜战争一来，《武汉文艺》便消灭掉。后来我们逃到四川住了三年，也无法把稿子带去，至今以为憾事。《武汉文艺周刊》是附属于《武汉日报》的。不知你们有无办法可以找到一九三六至一九三七《武汉文艺周刊》的日报？事隔多年，想来不会有办法了吧。至于志摩同我的感情，真是如同手足之亲，而我对文艺的心得，大半都是由他的培植，小曼知道很清楚。可惜小曼也被友人忽视了，她有的错处，是一般青年女人常犯的，但是大家对她，多不原谅。想到小曼，我在一九七二年到上海想看看她，说她在艺专教画生活，但不能见外人。（现在她已去世多时了）我听了也甚安慰。因为我劝她学画，并带她去拜陈半丁为师。否则在"文革"时她不能生活。（从周按：陆小曼于一九六五年四月三日去世）

我到西方快卅年了，文艺写作未离岗位，对往日朋友说来,还不惭愧改了行。孙大雨现尚在沪否?在日本占上海时,他和郑振铎到上海来看我,教给我一些行路难方策,使我逃出敌人陷阱,如见面乞代致意。

> 凌叔华上
>
> 一九八二年十月十五日

再者,我手中还保留志摩第一本诗集(是连史纸印的),上面题字"献给爸爸"也是他请我代题的!(从周按:是《志摩的诗》)

(据《新文学史料》一九八三年第一期)

凌叔华像▶

凌叔华:
再谈徐志摩遗文
——致陈从周的信

今年四月清明日,诗人徐志摩的墓在他故乡浙江硖石西山,我们建议将它修复竣工了,去参加了落成与扫墓仪式。我将当时的情况写信告诉了英国伦敦的凌叔华女士,还有一张墓照,并附了近著《书带集》,因为这集中有我写的有关志摩与小曼的文字。她接到我信,还有赵家璧的信,感情很是激动,当即回了这封长函,将志摩遗稿的"八宝箱"存放与交出的经过叙述甚详,这个疑案,总算可以澄清了。另一方面证实了当年林徽因和我所说的她藏有两本志摩英文日记

凌叔华 再谈徐志摩遗文——致陈从周的信

的来源了。《胡适日记》所写志摩日记有两本存凌叔华处之事非真实也。这封信对研究近代文学史有一定的参考价值,录供于世。今日接到志摩儿子徐积锴从美国纽约的来信,他一家人对人民政府为他父亲修复墓事,很是感动,表示了深切的谢意,还准备回国扫墓一次。

陈从周
一九八三年五月二十日

陈从周先生:

今晨收到大著《书带集》,又是高兴,又是感激。年来蒙你们大家这样看得起我,溯源想法,多半还是志摩影响。无疑的,志摩是一个有特殊魔力联络朋友的异人,早在四五十年前,已有人说过了!

前些日收到赵家璧来信,并寄我看他写纪念志摩、小曼的一文,内中资料(为志摩传)提到当年志摩坠机死后,由胡适出面要求朋友们把志摩资料交他的事。其实那时大家均为志摩暴卒,精神受刺激,尤其是林徽因和他身边的挚友,都有点太过兴奋。我是时恰巧由武汉回北京省亲避暑,听到志摩坠机,当然十分震动悲戚。(志摩与我一直情同手足,他的事向来不瞒人,尤其对我,他的私事也如兄妹一般坦白相告,我是生长在大家庭的人,对于这种情感,也司空见惯了)为了这种种潜

吻火
朋友眼中的徐志摩

在情感，志摩去欧之前（即翡冷翠前），他巴巴地提着他的稿件箱（"八宝箱"），内里有向未给第二人读过的日记本及散文稿件（他由欧过俄写回原稿件等）多沓，他半开玩笑地说："若是我有意外，叔华，你得给我写一传记，这些破烂交给你了！"

我以后也问过他几回，要不要把他的"八宝箱"拿走，第一次是我离开北京到日本去一两年（那时蔡元培是北大校长，他给陈西滢及我二人到日本，作为海外撰述员的费用，彼时林语堂也用此名义派到美国），我在那两年中利用我幼年日语的根基，居然专修日本近代文学。闲语少话，在去日之前，我问过志摩要不要拿走他的箱子，他不来拿。

我们两年后由日本回，西滢应武大之聘，我又问志摩要不要他的箱子，他大约因上海的家，没有来取。

至于志摩坠机后，由适之出面要我把志摩箱子交出，他说要为志摩整理出书纪念。我因想到箱内有小曼私人日记两本，也有志摩私人日记两三本，他既然说过不要随便给人看，他信托我，所以交我代存，并且重托过我为他写"传记"；为了这些原因，同时我知道如我交胡适，他那边天天有朋友去谈志摩的事，这些日记恐将滋事生非了，因为小曼日记（二本）内也常记一些是是非非，且对人名一点不包涵（彼时小曼对我十分亲热，她常说人家叔华就不那样想法，里面当然也有褒贬徽因的日记），想到这一点，我回信给胡适，说我只能把八宝箱交

凌叔华　再谈徐志摩遗文——致陈从周的信

给他，要求他送给陆小曼。以后他真的拿走了，但在《适之日记》上，仍写志摩日记有两本存凌叔华处。他的（胡的）日记在梁实秋编的《徐志摩传》上也提到。赵家璧也看到胡的日记上如此写。这冤枉足足放在我身上，四五十年，至今方发现！

日来我平心静气地回忆当年情况，觉得胡适为何要如此卖力气死向我要志摩日记的原因，多半是为那时他热衷政治。志摩失事时，凡清华北大教授，时下名女人，都向胡家跑，他平日也没机会接近这些人，因志摩之死，忽然胡家热闹起来，他想结交这些人物，所以得制造一些事故，以便这些人物常来。那时我蒙在鼓中，但有两三女友来告我，叫我赶快交出志摩日记算了。我听了她们的话，即写信让胡适派人来取，且叮嘱要交与小曼。但胡不听我话，竟未交去全部。小曼只收回她的两本日记（她未同志摩结婚前的日记，已印出来了！但许多人还以为另有日记）。

那时林徽因大约是最着急的一个，她也来同我谈过，我说已交适之了。那时适之正办《独立评论》，他要清华北大的名教授捧他，所以借机拉拢他们。那时公超和陈之莲都是被拉的人，他们话中示意过；沈性仁和陶孟和、杨今甫也示意过，可怜我一个不懂政治热的人，蒙在鼓里，任人借题发挥，冤枉了多少年！半个世纪后方始明白这个冤枉。

说真话，我对志摩向来没有动过感情，我的原因是很简单，

吻火
朋友眼中的徐志摩

我已计划同陈西滢结婚,小曼又是我的知己朋友。况且当年我自视甚高,志摩等既已抬举我的文艺成就甚高,有此种原因,我只知我既应允了志摩为他保守他的遗稿等物,只能交与他的家属如小曼,别人是无权过问的。为此原因我对胡适的指名要我交出,不免发生反感,但是后来我被朋友警告交给胡适了,他也交与小曼及徽因她们二人的日记了,他在自己日记上仍写了存在我处(或者他这篇日记是早些日写的,亦未可知)。此事说来太过复杂琐碎,可惜我在一九七二年与一九七五年(陆小曼于一九六五年去世——编者注)过上海找小曼均未得见,否则也可把此事弄清楚。

匆匆专候

著安

凌叔华上
一九八三年五月七日伦敦

再者,我一口气写了这封长信,也可说明我的冤枉太久了,希望这拉杂写来的信,可以念得懂。

居留西方将近卅年了,我还未离我的岗位,读书写作绘画,仍未全忘。

再者,你的《苏州园林》书中是中文或英文?我很想买一本读,香港何处书店可以买到?望示!

(据《新文学史料》一九八五年第三期)

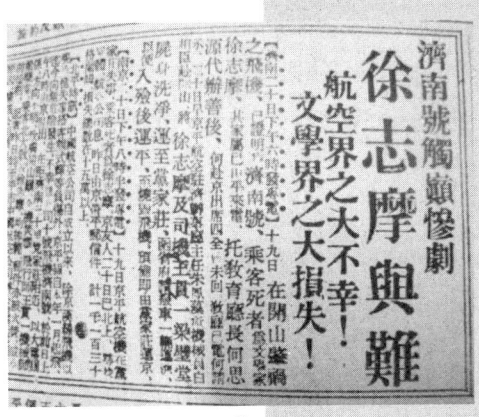

◀刊登徐志摩遇难报道的报章

附录
徐志摩遇难报章报道

《大公报》

一、一九三一年十一月二十日第二版

中航公司北上飞机

误触山巅堕落焚毁

司机与搭客同时遇难

【济南十九日下午八时发专电】中国航空公司由京驶平飞机。十九日下午二时飞至距济南城南三十里之党家庄附近，因天雨雾大，误触党家庄迤西十八里之开山山头，当即堕落山下，机身全焚，司机王冠[贯]一、梁璧堂二人毙命，另有乘客一人，为该公司总理之友，亦同时遇难。记者亲往调查，见机身被焚，仅余空架，死者三人，均已焦碎不可辨识，惨极。邮件被焚，仅邮票灰仿佛可见。闻由平飞京机十九日早到济后，因天雨未南下，改二十日飞京。

二、一九三一年十一月二十一日第二版

济南号触巅惨剧

徐志摩遇难

航空界之大不幸！文学界之大损失！

【济南二十日下午六时发专电】十九日在开山肇祸之飞机，已证明为济南号，乘客死者为文学家徐志摩。其家属已由平来电，托教育厅长何思源代办善后，何赴京出席四全会未回，教厅已电何请示。二十日早京平航空驻济办事厅主任朱凤藻派机械员白相臣赴开山，将徐志摩及司机王贯一、梁璧堂尸身洗净，运至党家庄，函省府请发车一辆运沪，以便入殓后运平。至烧毁飞机，预备即由党家庄运京。

附录　徐志摩遇难报章报道

【南京二十日下午八时半发专电】十九日京平航空机在党家庄失事。乘客死者为徐志摩。京友人二十日已北上，寻找尸体。航空公司息，昨日由京带平邮信件，计一千一百三十格兰姆，损失总数在十五万以上。

【北平特讯】中国航空公司自成立以来，除京汉线飞机以触船桅失事、搭客熊式辉等负伤外，京平线自本年一月起飞，迄今向无危险发生。不幸该公司十号飞机济南号，于前日上午八时由京开出，在距济南三十里党家庄附近，以大雾关系，方向不明，致触开山巅，全机焚毁，飞行师王贯一、机械师梁璧堂、乘客北大教授徐志摩，均摔毙，邮件亦被火焚，成空前惨剧。

记者昨日特至平市中国航空公司办公处探听肇事原因，据该公司职员林君谈，济南号于十九日上午八时由京站开出，司机二、乘客一人，邮件共一万二千公分。上午十时抵徐州时，天气甚佳，故继续前进。迨至济南以南三十里党家庄附近之开山左右，天气忽然改变，大雾迷漫，不辨方向，该机遂误触开山山顶，全机粉碎。飞行师王贯一、机师梁璧堂及搭客徐志摩均摔毙。该公司济南分站于事后得津浦路车站报告，始知该机遇险，追及前往驰救，到该地时，始知已无办法，该站遂于昨夜（十九）八时分向京平各站以无线电报告，电文略谓：据津浦路局消息，飞机一架跌毁，司机乘客生死不明，探明再告等语，迄至今晨（二十）接来电，飞机落焚毁，三人尽死等语。据此，及今日（二十）报载济电始明肇事原因。该公司京平线共有飞机五架、机师五人，往来飞行经岁，向无危险。飞行师王贯一，保定人，现年约四十岁，为南苑航空学校毕业生，家有老父及妻与子女四五人，家居北平，今晨其子尚至公司探询其父生死，而老父亦于今晨至南苑飞机场打听消息，并拟亲赴肇事地点收殓其子之尸骸。机师梁璧堂身世不明。乘客徐志摩，为北大教授，系新诗家，颇多著述，现年三十四岁。向住北平胡适之家中，前曾与顾维钧同乘福特机赴京。不幸归途竟遭不测。今晨（二十）胡适之君曾至该公司探听消息，甚为悲痛。又此飞机现值价七八万元，该公司济南站已派人前往肇事地点，收遗骸，将来对该公司死难者，将予相当抚恤云。

三、一九三一年十一月二十二日第四版

徐志摩柩行将运沪

平中友好赴济收殓遗骸

【平讯】北大教授诗人徐志摩氏，日前乘中国航空公司济南号机由京北返，在济南附近遇险殒命。平中各大学教授

徐氏友好颇多，北大张慰慈、清华张奚若、梁思成等，均于昨日下午五时同乘平浦快车赴济，收殓徐氏遗骸，并办理一切善后事宜，拟将徐氏灵柩运往上海暂厝。徐氏之遗著，亦将搜集汇编，以传世云。

四、一九三一年十一月二十三日第四版

济南号肇事责任

王贯一之父谓应由公司负责

祸因汽缸渗漏及无天气报告

徐志摩柩昨晚运沪

【济南二十二日下午九时发专电】二十一日晚九时，航空处朱凤藻偕津浦路车务段长孙景容及王贯一家属，由党家庄将济南号机架及被难两司机灵柩运济。王贯一柩将运平原原籍，梁璧堂家属因还在肥乡，未来，柩停车站待运。济南号机全毁，无法修理，运张庄作废料，不再他运。据王贯一父王巨卿谈，对肇事原因尚有怀疑。据调查所得，系汽缸渗漏及在徐州开机前未接济南天气报告，责任应在公司，如公司无适当办法，必以法律解决。又徐志摩灵柩，二十二日由齐大校长朱经农、中国银行行长何象百照料，由党家庄运济，

停寿佛寺,当晚运沪。

【济南二十二日下午十时半发专电】中国航空公司何经理二十二日乘机来鲁,办善后,因天气滞于徐州,约二十三日可到济。

◀刊登徐志摩遇难报章

附录
徐志摩遇难报章报道

《申报》

一、一九三一年十一月二十日第八版

京平航空

济南号机失事

雾中机触山尖油箱发火

两机师一航客烧成灰烬

【济南】今日京平航空公司济南号机,由飞机师王锡五、梁璧堂驾驶,早十点二十分由徐州北开,满载邮件外,尚有该公司友人一。下午一点许,飞抵津浦线济南站南三十里之黑(报纸原版如此,应为"党"字)家庄站西南十二里、距路线两里余开山地方,因天大雾,对面不能见人,机触山尖,将葛斯林油箱发火,机由山顶落于谷内。津浦路警闻警往视,见三人已烧成灰烬,一人尚能辨认,机身只余铁架,余全烧毁。济南车务段长、警务段长总部驻站办公主任关世康,驰往查看。该公司驻济事务员朱凤藻,定明日往运该机与被难者。据闻王技术最精,今次实因天气太坏失事。又今日该公司由平南下徐州号机,到济时因雾大,停济未开。(十九日专电)

二、一九三一年十一月二十一日第九版

济南号飞机失事善后

【南京】京平航线飞机济南号失事,原因系雾重撞于山东党家庄山巅焚毁。机式单叶史汀孙式四座位、三百马力,每小时行一百迈尔,系美国开斯东厂造,价八千美金。死者机师二人及乘客徐志摩。中国航空公司派美技师安力生,今晨驾机前

往出事地调查,计被烧信件一万二千余公分。(二十日专电)

【济南】昨中国航空公司飞机在党家庄失事遇难之乘客系徐志摩,今日胡适由平电朱经农请照料徐后事,教厅亦电青大校长杨振声报告。至飞机师二人,该公司已通知其家属。今济南站派机械员白先权往整理尸身,买棺二具用千余元。(二十日专电)

【南京】中国航空公司京平航线开始搭载乘客,每次暂以二人为限。(二十日专电)

三、一九三一年十一月二十一日第十五版

济南号飞机失事沪讯

▲机师两人殒命

▲徐志摩亦遇难

中国航空公司京平线之济南号飞机,于十九日在济南党家庄附近遇雾失事,机既全毁,机师王贯一、梁璧堂,及搭客徐志摩,均同时遇难。华东社记者,昨往公司方面及徐宅访问,兹将所得汇志如后。

吻火
朋友眼中的徐志摩

▲失事情形 济南号飞机,于十九日上午八时,由京装载邮件四十余磅,由飞行师王贯一、副飞行师梁璧堂驾驶出发,乘客仅北大教授徐志摩一人,拟赴北平。该机于上午十时十分飞抵徐州。十时二十分,由徐继续北飞,是时天气甚佳。不料该机飞抵距济南五十里党家庄附近,忽遇漫天大雾,进退俱属不能,致触山顶倾覆。机身着火,机油四溢,遂熊熊不能遏止,飞行师王贯一、梁璧堂,及乘客徐志摩遂同时遇难。

▲办理善后 事后,为津浦路警发觉,当即报告该地站长,遂由站长通知公司济南办事处,再由办事处电告公司。公司于昨晨接电后,即派美籍飞行师安利生乘飞机赴京,并转乘津浦车驰往出事地点,调查真相,以便办理善后。公司方面,并曾通知徐宅。徐宅方面,一方既属(嘱——编者注)公司代为办理善后,一方亦已由徐氏亲属张公权君,派中国银行人员,赶往料理一切。

▲公司损失 济南号机,为司汀逊式,于十八年(一九二九年)沪蓉航空管理处时向美国购入,马力三百五十匹,速率每小时九十里,今岁始装换新摩托,甫于二月前完竣飞驶,不意偶遇重雾,竟至失事,机件全毁,不能复事修理,损失除邮件等外,计共五万余元。

▲徐氏小史 徐志摩,颇著声誉于文艺界,现教授于北平大学。上星期乘京平线飞机来沪,探视其夫人陆小曼女士,盖伉

附录　徐志摩遇难报章报道

俪之情,殊相得也。才五六日,以教务纷烦,即忽忽拟返,不意致罹斯祸。当公司消息传达徐宅时,陆女士曾一度晕倒。徐与陆女士母陆老太太同居,据陆老太太语人,谓徐之乘坐飞机,系公司中保君建速往乘坐,票亦系公司所赠,言时且有悻悻之色。

▲王梁略历　(一)王贯一,山东平原人,年三十六岁,保定军官学校及南苑航空学校毕业,领得飞行毕业证书。曾充直隶航空队飞航员兼教官,航空署飞行员,国民第三军航空队队长,联军航空司令部第三分队队长,直军航空司令部航空队队长,山西航空学校教官,山西航空队队附,蓉沪航空线飞行师,现任中国航空公司京平线飞行师。(二)梁璧堂,河北肥乡县人,年三十六岁,保定军官学校及南苑航空学校毕业,曾任江苏航空队飞航员,航空署飞航员,东北飞豹队队员,现任中国航空公司京平线副飞行师。

▲昨日停航　济南号肇事后,公司方面以昨日济南附近重雾未散,为求旅客安全起见,故于昨日停航一日,如今日云散雾消,则仍照常飞驶。

四、一九三一年十一月二十三日第十五版

徐志摩灵柩今日抵沪

▲笔会昨开会追悼

中国航空公司济南号飞机失事中罹祸惨毙之徐志摩氏,其灵柩已由济南直运来沪,进京时并未停留,故昨日预定赴京之徐氏诸亲友,遂亦留沪。据徐宅人云,灵柩约于二十三日下午可抵沪,将安葬于万国殡仪馆。惟徐之夫人陆小曼女士,自徐氏噩耗抵沪后,于伤感痛切之余,已致疾病矣。

笔会于昨日(二十二日)午刻,在大西洋菜馆开常会。到会员及来宾叶誉虎、章行严、宋春舫、程演生、曾虚白、罗隆基、孟寿椿、赵景深、沈旭庵、曾今可、汪翰章、陈志群、邬翰芳、戈公振诸君,及应德蕙、王右家等。餐半,由孟寿椿君主席报告本会发起人徐志摩先生乘飞机北上遇难情形,全体起立静默三分钟,表示哀悼,并议决发行特刊,为徐先生留纪念。末由戈公振君报告会务而散。

五、一九三一年十一月二十四日第六版

讣　告

谨启者:本宅少主志摩先生于本月十九日由京乘济南号飞机赴平,当日午后二时途经济南党家庄附近遇雾出险,惨遭不测。本宅主人申如老先生命孙公子积锴遄赴扶柩回沪,择日设祭。谨此讣告。硖石徐慎思堂账房谨启。

六、一九三一年十一月二十四日第十五版

徐志摩柩今日到沪

▲徐之友人组织治丧处　济南号飞机遇险,焚毙诗人徐志摩及王、梁两机师,现正由航空公司人员在济料理善后。徐氏棺柩今(廿四)日下午五时即可到沪。胡适之昨晚并有覆电致该公司。兹将各项消息,志录如次。

▲徐柩明日到　航空公司沪总办事处及京站办事处叠接徐志摩家属及徐氏友人函电,嘱于济南号机出事次日,由京办事处派员往济,会同济办事处职员办理善后。徐氏家属派往人员,于二十二日到济,协助一切。徐氏尸体业经棺殓竣事。徐柩今夜九时可抵浦口,明日下午即可到沪。

▲组织治丧处　徐志摩先生遭难消息,已志本报,兹闻徐氏在沪一斑(当为"班"之误——编者注)友人,已组织治丧处,并已推定江小鹣、王文伯、孟寿椿、宋春舫、潘光旦、邵洵美、董任坚、戈公振、罗隆基等,暂时主持一切,借用威海卫路一百五十号中社为办事机关。惟徐氏友人众多,仓卒(猝——编者注)中未能普遍通知。该治丧处决定本日在中社午餐、晚餐,举行聚餐。凡徐氏友人关于治丧致祭及追悼等事,有所建议或接洽者,本日随时可往中社与该治丧办事处接洽。

▲机师柩厝济　王贯一、梁璧堂两机师之焦灼尸体,在济已经棺殓,暂厝济城。刻由该公司电知其家属,待得覆讯,即分道运柩至两机师之原籍安葬。

▲胡适之覆电　据航空公司保君称,徐志摩乘机之心念,已非一日,屡欲试尝,不图一试而瞑目,遗恨黄泉,眷属失依。胡适之为徐氏挚友,惊闻噩耗,即电致该公司询问,由该公司保君建电覆胡适之后,昨晚该公司又得胡氏覆电文云:

保君建先生:马电敬悉,已分发表,此间友朋,虽痛志摩惨死,亦知他久欲飞行之意,见诸诗文,济南不幸,适逢其会,遂使全国失一人才,深盼航空事业,能更谋安全,更盼国人勿因志摩惨祸而畏惧航空。胡适。

▲京平机继飞　京平航空自济南号失事后,连日阴沉,天气恶劣,京平两地对飞航机,停飞三日。昨为星期一日,按例不飞,今晨如天晴气爽,即照常开航。

七、一九三一年十一月二十五日第五版

徐慎思堂启事

谨启者:本宅少主志摩先生随柩已于本月二十四日到沪,

权厝胶州路万国殡仪馆。今日上午十时在馆设奠,择日公祭。此后如有祭奠追悼等事项,均请向威海卫路一五〇中社徐志摩先生治丧处接洽可也。硖石徐慎思堂账房谨启。

徐志摩先生治丧处启事

诗人志摩先生于本月十九日因飞机失事在济南溘逝。先生故旧莫不悲恸。兹为处理丧事起见,特设治丧处于威海卫路一五〇号中社。凡关祭奠追悼等事项,均请向本处接洽可也。此启。

诗人志摩先生

灵柩已于十一月廿四日下午五时到沪,权厝胶州路万国殡仪馆。兹定于本日上午十时在馆设奠。凡属先生亲故,届时务请贲临,共致哀思。择日公祭,再行露布。徐志摩先生治丧处谨启。

八、一九三一年十一月二十六日第十一版

徐志摩昨日大殓

▲治丧办事处筹备举行公葬

徐志摩先生灵柩，于前晚九时由京运沪，昨日在万国殡仪馆举行大殓，前往吊唁者三百余人。昨晚八时，徐先生之亲友，均在中社治丧办事处会商丧事善后，筹备于两星期内举行追悼大会，并拟举行公葬仪式。至徐先生平生创作，将搜集由新月书店出版志摩纪念号，以志不朽。

九、一九三一年十二月八日第二版

公祭诗人徐志摩先生公告

徐志摩先生公祭已订于本月二十日假静安寺路静安寺举行。凡属先生知好预备参加者，无论个人或团体，务请于本月十八日以前通知敝处，俾得预订祭程，并免临时拥挤。威海卫路中社徐志摩先生治丧处。

◀徐志摩纪念公园碑刻

附录
徐志摩遇难报章报道

《北平晨报》

一、一九三一年十一月二十一日第六版

诗人徐志摩惨祸

前日北上飞机之牺牲者

吻火
朋友眼中的徐志摩

【济南二十日下午五时四十分本报专电】京平航空驻济办事所主任朱凤藻，二十早派机械员白相臣赴党家庄开山，将遇难飞机师王贯一、机械员梁璧堂、乘客徐志摩三人尸体洗净，运至党家庄，函省府拨车一辆运济，以便入棺后运平。至烧毁飞机，为济南号，即由党家庄运京。徐为中国著名文学家，其友人胡适由平来电托教厅长何思源代办善后，但何在京出席四全会未回。

【本报特讯】中国航空公司飞机济南号，前日由京北上途中，在济南党家庄附近遇雾，误触开山山顶，致机身立时坠落，汽油着火，飞机师王冠[贯]一、机械师梁璧堂及乘客一人均烧毙等情，已志昨日本报。本报记者以京平航空首次肇祸，且乘客姓名尚未探悉，故昨晨十时半特往该公司北平办事处查询一切，由办事处主任林斯高接见。

正谈话间，忽见北大教授胡适氏仓皇自外入，即问林君曰："今晨披阅北平晨报，见贵公司飞机失事，甚为焦念，因余昨接友人由京来电，称昨日即搭济南号来平，深恐其惨遭不幸，故特来贵处相询，不知能以乘客之姓名见告否？"时林君尚未置答，记者即问胡君之友何名，胡急应曰："徐志摩昨电梁思成君，谓于昨日乘京平航空飞机来平也。"林君见胡语及徐志摩，当告之曰："昨日敝处曾接京站代发乘客电报一件，

附录　徐志摩遇难报章报道

系致西总布胡同梁宅,末署名'摩'字。如君言,恐系徐君矣。"胡沉默有顷,惨然曰:"志摩其殆矣。此君遭此奇祸,实吾国文艺界之一大损失也。"言次即托该办事处代为致电济南教育厅厅长何思源托其为徐志摩料理身后,接洽毕始称谢而去。

胡去后,林君即对记者谈称:京平航空在济失事情形,诚如贵报所述。京平航线自今年一月开办以来,每日往返,向未失事,昨(十九日)十号机济南号上午八时由京北上,载客一人,飞机师、机械员各一人,及邮件一万二千公分。上午十时抵徐州,时天气甚佳,故继续前行,正午抵济南以南党家庄附近,忽遇大雾,遂误触开山,汽缸炸裂着火,司机乘客均惨毙,邮件全部焚毁,机身仅余一铁骨,肇事详细情形如何尚待续查云云。昨日下午本报复接该公司北平办事处电话报告,称刻接京站来电,谓已派员赴济,携款二千元为死难三人料理身后。至胡适电济托何厅长照料事,刻接济站电报,知何厅长已赴南京,出席四全会,该电无法投递云云。

文学界之大损失

凡研究新文学者,无不知徐志摩之名。徐氏之诗,在新文艺上,实占一牢不可拔之地位。现代新诗人,当为徐氏首屈一指。徐之所长,不特在诗,即白话散文亦独创一格,大

吻火
朋友眼中的徐志摩

有不许人追及之概。笔端富有情感,几与梁任公先生相埒,而兴趣则过之。初游美国,习银行学,非其所好,索然无味,改习政治。毕业于克拉克大学后,西游欧陆,首至伦敦,从赖斯基教授,更求其政治学之深造。惟徐至欧,与英伦当代文学家威尔斯交最密,又甚为萧伯纳所器重。因受诸大家影响,故复从政治学而转习文学,乃入剑桥大学,立志为我国开创新文学基础。民国十三年(一九二四年)归国,应北大之聘,执教鞭焉。是年受晨报社之约,主撰副刊。徐氏之文,遂得与燕北人士相见,文名大噪,盖基于此。其遗著中,如《巴黎鳞爪》《自剖》《志摩小说集》《涡提孩》《玛丽,玛丽》等,皆为此时期之杰作。民十六年(一九二七年)以后在沪就光华各大学教席,同时复与胡适、罗隆基、梁实秋诸氏创办《新月》月刊,而自任其文艺述作焉。昨年又应北大之聘来平,寄寓于胡适氏家。今春丁内艰,南下奔丧,旋即返平。旬日前为欲料理家事,乘顾维钧氏赴京之便,附搭该机南下。徐性好飞行,当留学时代,时乘飞机往来于伦敦巴黎间,危险毫未置意。诗人天性,本多不羁,而徐之豪爽,尤为特意。此次乘机北返,不料竟因此丧命。在彼本人或无遗憾,在友人闻之,则莫不叹为我国文学界之一大损失也。徐为浙江海宁生,年才三十有六耳。

附录 徐志摩遇难报章报道

六、一九三一年十一月二十四日第十五版

徐志摩柩今日到沪

▲徐之友人组织治丧处　济南号飞机遇险，焚毙诗人徐志摩及王、梁两机师，现正由航空公司人员在济料理善后。徐氏棺柩今（廿四）日下午五时即可到沪。胡适之昨晚并有覆电致该公司。兹将各项消息，志录如次。

▲徐柩明日到　航空公司沪总办事处及京站办事处叠接徐志摩家属及徐氏友人函电，嘱于济南号机出事次日，由京办事处派员往济，会同济办事处职员办理善后。徐氏家属派往人员，于二十二日到济，协助一切。徐氏尸体业经棺殓竣事。徐柩今夜九时可抵浦口，明日下午即可到沪。

▲组织治丧处　徐志摩先生遭难消息，已志本报，兹闻徐氏在沪一斑（当为"班"之误——编者注）友人，已组织治丧处，并已推定江小鹣、王文伯、孟寿椿、宋春舫、潘光旦、邵洵美、董任坚、戈公振、罗隆基等，暂时主持一切，借用威海卫路一百五十号中社为办事机关。惟徐氏友人众多，仓卒（猝——编者注）中未能普遍通知。该治丧处决定本日在中社午餐、晚餐，举行聚餐。凡徐氏友人关于治丧致祭及追悼等事，有所建议或接洽者，本日随时可往中社与该治丧办事处接洽。

▲机师柩厝济　王贯一、梁璧堂两机师之焦灼尸体，在济已经棺殓，暂厝济城。刻由该公司电知其家属，待得覆讯，即分道运柩至两机师之原籍安葬。

▲胡适之覆电　据航空公司保君称，徐志摩乘机之心念，已非一日，屡欲试尝，不图一试而瞑目，遗恨黄泉，眷属失依。胡适之为徐氏挚友，惊闻噩耗，即电致该公司询问，由该公司保君建电覆胡适之后，昨晚该公司又得胡氏覆电文云：

保君建先生：马电敬悉，已分发表，此间友朋，虽痛志摩惨死，亦知他久欲飞行之意，见诸诗文，济南不幸，适逢其会，遂使全国失一人才，深盼航空事业，能更谋安全，更盼国人勿因志摩惨祸而畏惧航空。胡适。

▲京平机继飞　京平航空自济南号失事后，连日阴沉，天气恶劣，京平两地对飞航机，停飞三日。昨为星期一日，按例不飞，今晨如天晴气爽，即照常开航。

七、一九三一年十一月二十五日第五版

徐慎思堂启事

谨启者：本宅少主志摩先生随柩已于本月二十四日到沪，

权厝胶州路万国殡仪馆。今日上午十时在馆设奠,择日公祭。此后如有祭奠追悼等事项,均请向威海卫路一五〇中社徐志摩先生治丧处接洽可也。硖石徐慎思堂账房谨启。

徐志摩先生治丧处启事

诗人志摩先生于本月十九日因飞机失事在济南殒逝。先生故旧莫不悲恸。兹为处理丧事起见,特设治丧处于威海卫路一五〇号中社。凡关祭奠追悼等事项,均请向本处接洽可也。此启。

诗人志摩先生

灵柩已于十一月廿四日下午五时到沪,权厝胶州路万国殡仪馆。兹定于本日上午十时在馆设奠。凡属先生亲故,届时务请贲临,共致哀思。择日公祭,再行露布。徐志摩先生治丧处谨启。

八、一九三一年十一月二十六日第十一版

徐志摩昨日大殓

▲治丧办事处筹备举行公葬

徐志摩先生灵柩，于前晚九时由京运沪，昨日在万国殡仪馆举行大殓，前往吊唁者三百余人。昨晚八时，徐先生之亲友，均在中社治丧办事处会商丧事善后，筹备于两星期内举行追悼大会，并拟举行公葬仪式。至徐先生平生创作，将搜集由新月书店出版志摩纪念号，以志不朽。

九、一九三一年十二月八日第二版

公祭诗人徐志摩先生公告

徐志摩先生公祭已订于本月二十日假静安寺路静安寺举行。凡属先生知好预备参加者，无论个人或团体，务请于本月十八日以前通知敝处，俾得预订祭程，并免临时拥挤。威海卫路中社徐志摩先生治丧处。

◀徐志摩纪念公园碑刻

附录
徐志摩遇难报章报道

《北平晨报》

一、一九三一年十一月二十一日第六版

诗人徐志摩惨祸

前日北上飞机之牺牲者

吻火
朋友眼中的徐志摩

【济南二十日下午五时四十分本报专电】京平航空驻济办事所主任朱凤藻，二十早派机械员白相臣赴党家庄开山，将遇难飞机师王贯一、机械员梁璧堂、乘客徐志摩三人尸体洗净，运至党家庄，函省府拨车一辆运济，以便入棺后运平。至烧毁飞机，为济南号，即由党家庄运京。徐为中国著名文学家，其友人胡适由平来电托教厅长何思源代办善后，但何在京出席四全会未回。

【本报特讯】中国航空公司飞机济南号，前日由京北上途中，在济南党家庄附近遇雾，误触开山山顶，致机身立时坠落，汽油着火，飞机师王冠[贯]一、机械师梁璧堂及乘客一人均烧毙等情，已志昨日本报。本报记者以京平航空首次肇祸，且乘客姓名尚未探悉，故昨晨十时半特往该公司北平办事处查询一切，由办事处主任林斯高接见。

正谈话间，忽见北大教授胡适氏仓皇自外入，即问林君曰："今晨披阅北平晨报，见贵公司飞机失事，甚为焦念，因余昨接友人由京来电，称昨日即搭济南号来平，深恐其惨遭不幸，故特来贵处相询，不知能以乘客之姓名见告否？"时林君尚未置答，记者即问胡君之友何名，胡急应曰："徐志摩昨电梁思成君，谓于昨日乘京平航空飞机来平也。"林君见胡语及徐志摩，当告之曰："昨日敝处曾接京站代发乘客电报一件，系致西总布胡同梁宅,末署名'摩'字。如君言,恐系徐君矣。"胡沉默有顷,惨然曰:"志摩其殆矣。此君遭此奇祸,实吾国文艺界之一大损失也。"言次即托该办事处代为致电济南教育厅厅长何思源托其为徐志摩料理身后,接洽毕始称谢而去。

胡去后,林君即对记者谈称:京平航空在济失事情形,诚如贵报所述。京平航线自今年一月开办以来,每日往返,向未失事,昨(十九日)十号机济南号上午八时由京北上,载客一人,飞机师、机械员各一人,及邮件一万二千公分。上午十时抵徐州,时天气甚佳,故继续前行,正午抵济南以南党家庄附近,忽遇大雾,遂误触开山,汽缸炸裂着火,司机乘客均惨毙,邮件全部焚毁,机身仅余一铁骨,肇事详细情形如何尚待续查云云。昨日下午本报复接该公司北平办事处电话报告,称刻接京站来电,谓已派员赴济,携款二千元为死难三人料理身后。至胡适电济托何厅长照料事,刻接济站电报,知何厅长已赴南京,出席四全会,该电无法投递云云。

文学界之大损失

凡研究新文学者,无不知徐志摩之名。徐氏之诗,在新文艺上,实占一牢不可拔之地位。现代新诗人,当为徐氏首屈一指。徐之所长,不特在诗,即白话散文亦独创一格,大

吻火
朋友眼中的徐志摩

有不许人追及之概。笔端富有情感,几与梁任公先生相埒,而兴趣则过之。初游美国,习银行学,非其所好,索然无味,改习政治。毕业于克拉克大学后,西游欧陆,首至伦敦,从赖斯基教授,更求其政治学之深造。惟徐至欧,与英伦当代文学家威尔斯交最密,又甚为萧伯纳所器重。因受诸大家影响,故复从政治学而转习文学,乃入剑桥大学,立志为我国开创新文学基础。民国十三年(一九二四年)归国,应北大之聘,执教鞭焉。是年受晨报社之约,主撰副刊。徐氏之文,遂得与燕北人士相见,文名大噪,盖基于此。其遗著中,如《巴黎鳞爪》《自剖》《志摩小说集》《涡堤孩》《玛丽,玛丽》等,皆为此时期之杰作。民十六年(一九二七年)以后在沪就光华各大学教席,同时复与胡适、罗隆基、梁实秋诸氏创办《新月》月刊,而自任其文艺述作焉。昨年又应北大之聘来平,寄寓于胡适氏家。今春丁内艰,南下奔丧,旋即返平。旬日前为欲料理家事,乘顾维钧氏赴京之便,附搭该机南下。徐性好飞行,当留学时代,时乘飞机往来于伦敦巴黎间,危险毫未置意。诗人天性,本多不羁,而徐之豪爽,尤为特意。此次乘机北返,不料竟因此丧命。在彼本人或无遗憾,在友人闻之,则莫不叹为我国文学界之一大损失也。徐为浙江海宁生,年才三十有六耳。

附录　徐志摩遇难报章报道

飞机与飞行师

徐所乘济南号飞机，系美国司汀逊式（Stimon-Detroiter）六座单叶飞机，计九汽缸，三百匹马力，机身长三十二英尺八英寸，净重二千四百五十磅，载重量一千八百五十磅，最高速度每小时一百三十五里，汽油容量一百加仑。值美金一万二千七百八十元，合华币六万七千七百元。

死者飞机师王冠[贯]一，系保定人，现年三十八岁，为南苑航空学校毕业生，前在中国航空公司沪蓉线服务，京平线开办后，即调京平线充任飞机师。王驾驶技术甚精，每次北上机到平时刻，均较其他飞机师为早。现家有父妻及子女四五人，其子年已十四五，现居北平，昨晨其子曾到北平办事处探询，其父亦于昨晨至南苑机场探听，并拟亲赴肇事地点收殓遗骸云。

二、一九三一年十一月二十二日第六版

诗人身后

三友赴济收殓

【**本报特讯**】诗人徐志摩乘机遇雾，触撞山峰，油箱发火，

人机俱焚。平中得此噩耗,识与不识,无不同深哀悼。徐氏挚友、北大教授张慰慈,清大教授张奚若,营造社主任梁思成诸氏,为收殓徐氏遗骸,及代运灵柩赴沪,特于昨日下午五时十五分乘平浦通车赴济。徐之畏友、北大教授胡适氏本拟赴济,因伤感过甚,人颇不适,故未成行。闻在平徐氏友好拟搜集遗著,从速刊印,以广流传,而资纪念。并拟于最短期间内,开会追悼云。

三、一九三一年十一月二十三日第六版

济南号失事原因

外传为汽缸渗漏

天气报告亦迟误

【济南二十二日下午九时本报专电】王贯一之父叔妻子女各一人,弟三人,先后抵济。据其父王巨卿谈,贯一为飞行老手,此次殊出意外。亲赴开山党家庄调查结果,济南号飞机并非触于山顶,系汽缸渗漏,司机无从发见。且由徐开时,总公司报告济南天气迟误,致有此变。责任应由公司负之,或不得已而与公司诉之法律。养(二十二日)航空公司总理已乘机离京来济,到徐州,因天气暂停,明后日可来济。

附录　徐志摩遇难报章报道

四、一九三一年十一月二十三日第六版

诗人爱空游

天公偏无情

【济南二十二日下午七时五十分本报专电】济南号飞机遇难三人灵柩，马（二十一日）夜九时由党家庄运济。徐志摩棺由齐大校长朱经农、中国银行行长何象百照料，暂停寿佛寺，定养（二十二）晚九时运沪。王贯一家属已到济，拟将王柩运平安葬。梁璧堂柩暂停车站，候家属来领。飞机因全部损坏，仅余空架，决留张庄，作为废料，不再他运。

【本报特讯】诗人徐志摩身后，已由张慰慈、张奚若、梁思成三氏赴济料理。闻其封翁徐申叔氏亦已派人赴济。闻昨日张等三人有电致胡适氏及在平知交，报告收尸棺殓，原文如左：志摩尸体尚完整，昨晚（二十一）已殓，今晚（二十二）九时南运。从文在此，禹九今晚到。

张奚若等三人定二十三日乘车北返。前日中国航空公司保君电致胡适氏，报告徐搭乘航机来平情形甚详，外传保君劝其乘机北返，自非事实。况飞机失事，本不能预知，即使有人劝之，亦无责任之可言，天夺诗人夫复何言！保氏致胡氏原电如左：（上略）志摩罹难，实文坛极大损失，痛伤无已。

吻火
朋友眼中的徐志摩

渠数月前,即来建处,请乘京平线机,当时建以该线尚未搭客辞之。前渠随顾少川先生乘福特机南来,后到建处称空游实有兴趣,仍嘱为之设法,并托张歆海等来函,删(十五)日亲来公司留字指明皓(十九)机须北行。建不得已代函京设法,篠(十七)夜渠电舍称定次日早车赴京接洽。皓(十九)早,建得京电谓志摩已搭机北行等语,此经过情形。报载建劝其坐飞机,实属误会。建得失事消息后,即往福煦路(按即徐宅)报告一切,闻徐夫人于皓(十九)日忽得重病,因未得晤,乃向陆老太太略言情形。复至中行向公权先生报告,请其转志摩家属。午后,徐老先生来公司,经询明后,甚了解,嘱将灵柩运京,再由其料理等语。敝公司业已遵命进行矣。先生如有见教,可通知敝公司驻平办事处转电为荷。保公建叩马(二十一)。

记者昨遇徐氏知交某君,回忆诗人生前,同深感伤。据某君云:徐此次南下前数日,屡向友人言,彼最近所耳闻目击者,不知不觉之间,皆有最后之感触。此行乘机恐非佳兆。友人当劝其既然如此,何必冒险?乘车不过多费两日,本无妨碍。而徐亦颇觉踌躇。当时顾维钧氏因津变发生,屡改行期,若十一日仍不行,则徐或未必去。十晚顾决定翌日行,即通知徐,徐亦不更变初意,附搭南下。临时走访各知交留别,访梁思成君伉俪,未遇,留字而去,中有"此行存亡莫卜"

附录　徐志摩遇难报章报道

之语，及今观之，殆成谶语矣！

五、一九三一年十一月二十三日第九版

哀悼徐志摩先生

冰　森

徐志摩先生于本月十九日乘机遇雾，触撞开山山顶，竟遭惨祸。志摩先生之死，为我国文坛之大损失，吾人实抱深切之哀悼。本刊决出专刊纪念徐先生。现在约徐先生生前友人撰文，以表哀悼。一俟稿件收齐，即在学园刊布。并托友人于赓虞先生赴济，探视徐氏身后情形。

六、一九三一年十一月二十五日第六版

济南号肇祸原因
汽油渗漏因而燃烧
撞击地点系西大山

吻火
朋友眼中的徐志摩

【济南特约快信】中国航空公司京平线济南号机在党家庄失事一节,兹闻昨日(二十一日)午后一时半,航空公司驻济办事处主任朱凤藻,津浦路车务所长孙景容,及遇难司机王贯一之父王巨卿,叔王性原,妻王曹氏,子王金海,女王金娥,并工友二十余人,备棺材两具,殓衣两套,由济乘火车赴党家庄。

全家大哭

事前并派机械员白相臣前往,将王贯一、梁璧堂之尸身,用酒精拭净,抬至车站附近,准备入殓。王氏家族下车后,见王尸焦头烂额,体无完肤,痛不欲生,迨将尸身收殓完毕,即与残碎机架,于当晚九时,一同运回济南,即停于津浦车站。

乘客徐志摩,与济南中国银行经理何象百,系属戚谊。何接到徐氏家属来电后,即于本日(二十二日)邀同济[齐]鲁大学校长朱经农,置备棺木,乘汽车赴党家庄装殓徐尸。午后运济,即停灵于十王殿寿佛寺。闻徐棺定今晚乘津浦一次车运往浦口,转运上海。

附录　徐志摩遇难报章报道

异常萧条

记者为明了王贯一之家事起见,特赴十王殿来会晤乃父王巨卿(字攸忱),当与面谈。记者询以来济人数,家中情形,王贯一略历,及赴党家庄视察情形。据王巨卿答称:余原籍平原,前者久居济南,移居北平,不过四五年,现充北平翊教女子中学教员。贯一之妻子等亦住北平。余昨(二十一日)早由北平乘平浦二〇一次车,携子媳王曹氏、孙王金海(年十五岁)、孙女王金娥(十九岁)等来济。其弟(王贯一之弟)王会一(现服务于蚌埠航空驱逐队),王元一(在上海同济医科大学求学),王协一(现充沧口电报局主任)于今(二十二日)早先后来济。其叔王性原,早已在济经商。家中情形,已如上述。唯贯一身后,孙女金娥原期定本月出阁,不幸骤遭此变。此次贯一遇难,固为其天命所定,然余昨日赴党家庄肇事地点时,据一般乡老妇孺谈述,实系机械损坏,非驾驶者之技术不良。据谈距肇事处十余里之遥,即见空中坠落火球,乃汽油渗滴所致。机师未从察觉,及发觉后,火势已烈,无可挽救,致遭此惨祸,云云。

致祸原因

后在肇事地点,检收残机时,仅有所余机架,未见汽缸。

以此事再与乡老之言证明，实系汽缸早已损坏。此外尚有两点：（一）天气不佳，机师忙于识辨方向，未暇顾及机件损坏。（二）该机在徐州已达开驶时间，济南天气报告竟未到达，迨该机飞行已十分钟后，徐州站始接到天气报告。驾驶者对前方天气之如何，毫无所闻。此次肇祸原因，已如上述，想该公司或有相当善后办法，否则，余常以其天气报告迟到，及机械事前损坏与之力争。

贯一，字锡五，民十二（一九二三年）毕业于北京航空学校，历充航空司令及大队长等职，对驾驶颇有把握，前在苏州南京曾两次遇险，均赖其技术纯熟，未遭意外。此次不幸，遭此惨祸，贯一身后萧条，遗有白发父母，中龄子女，无以为养，其属可怜。据其公司驻济主任谈，总公司经理今日（二十二日）已由京飞抵徐州，因天气不佳，不克来济。明日（二十三日）为航空界礼拜，如经理不来，后日准可到济，调查云云。

此事真相

记者今日（二十二日）由与该公司济南办事所主任朱凤藻会晤，据谈王贯一、梁璧堂遗尸，已由本所出洋千余元，备置棺木，妥为装殓。王之家属，均到济南，不日即收王之灵柩，运回平原原籍。惟梁璧堂原籍系河北肥乡县，家居乡间，电报不通，尚不知其被难。本所已电北平公司，派人赴

附录 徐志摩遇难报章报道

肥乡通知其家属，前来搬运灵柩，至王梁二人身后抚恤办法，已电请上海总公司核办矣。（二十二日）（玉生）

又据朱凤藻谈称，该济南号飞机遭祸，系触于党家庄西北山上，名西大山，山不高，开山则在党家庄东北，较西大山高。

当时情形

揣测必系望见高大之开山（高四百尺），因大雾迷漾，致未见低小之西大山，以三百匹马力之机，触于石上，当无幸理。王君骨已烧成一团，头断，腹破，肠出。梁君只余两足，余亦成灰烬，惨不忍睹。徐志摩因在机之后部，故未被烧，面部尚好，仅手部起泡，惟四肢均已折断耳。（约）

十、一九三一年十一月二十五日第六版

诗人遗容未现苦楚

尸体完整火烧处甚少

张奚若君谈话

【本报特讯】南下为诗人徐志摩料理身后之北大教授张慰慈、清大教授张奚若、营造社主任梁思成三氏已于昨午乘平浦

吻火
朋友眼中的徐志摩

通车返平。记者昨晚特往访张奚若君于齐化门大街寓所,张君于极端哀感之下,为道目击诗人尸体情形。爰记大要如左:

余等抵济时,始知中国航空公司于二十日已派人前往失事地点,收殓尸体及机件,而济南中国银行因受张公权君之托,亦派人携带棺木衣服前往开山,收殓徐君。余等到后,徐柩已运至济南,棺未钉,内盖头部有玻璃,故得一瞻死友遗容,益增惨悼。惟徐之死容,尚无十分苦楚情态,可见机触山峰刹那,乘者即死,其间当不过几秒钟。后部头发有一部被焚,面部则除眉毛略焦外,并无被火形迹。右边太阳穴下有一孔,谅此即系致命伤。全身仅右腿部略有火伤,其他皆为摩擦伤。臂部均跌断,伤自较重。尸体完整,实为不幸中之大幸。遗物仅剩丝棉长袍一块,长二尺宽一尺,四围有烧痕。衬衣剩两臂及脊部一条,袜一只。随身银表无踪,殆为村人捡去。张禹九君偕徐之长子于二十一晚六时抵济,因徐柩定是晚九时南运,故张君及徐之长子即随柩南返,破碎遗物,亦交由张君带去。飞机师王贯一头部完全烧失,梁璧堂头部则裂开,死状最惨。飞机仅剩铁架,有弯曲者,有折断者,自系触撞山峰所致。油箱在机之前部,因撞力过猛,发火,驾驶员及机械师座位均近油箱,故焚烧最惨。徐柩预计于二十三夜到浦口,二十四日晚当可抵沪。此次各方知友闻徐君噩耗来济者甚多,故料理身后事,甚为敏捷。

◀ 徐志摩失事地

● 附录
徐志摩遇难报章报道

《民国日报》

一、一九三一年十一月二十日第一张第二版

  天雨雾大

  飞行危险

  京平北上机昨失事

> 在济南附近误触山尖堕落
>
> 机身全毁司机乘客均遇难

【本报济南电】中国航空公司由京驶平飞机十九日下午二时飞至距济南城南卅里党家庄附近,因天雨雾大,误触党家庄迤西十八里之开山山头,当即堕落山下,机身全焚,司机王贯一、梁璧堂二人毙命,另有乘客一人为该公司总理之友,亦同时遇难。记者亲往调查,见机身被焚,仅余空架,伤者三人,均已焦碎不可辨识,惨极。邮件被焚,仅邮票灰仿佛可见。闻由平飞京机十九日早到济后,因天雨未南下,改二十日飞京。

二、一九三一年十一月二十一日第二张第二版

> 济南号失事
>
> 徐志摩遇难

【本报济南电】京平航空驻济办事所主任朱凤藻二十日派机械员白相臣赴党家庄开山,将遇难司机王贯一、梁璧堂、乘客徐志摩三人尸体洗净,运至党家庄,函省府,拨车一辆运济,以便入棺后运平,至烧毁飞机为济南号,即由党家庄运京。徐为中国著名文学家。其家属由平来电,托教厅长何

思源代办善后，但何在京出席四全会尚未回。

三、一九三一年十一月二十一日第三张第二版

济南号飞机失事

在济南附近党家庄遇雾下坠

正副机师及乘客徐志摩遇害

中国航空公司京平线济南号飞机于前日（十九）晨，在离济南五十里党家庄附近，遇雾下坠，全机被焚，飞机师王贯一、梁壁（当为"璧"之误——编者注）堂均毙命。大略情形，已见昨报电讯。兹调查得，机中之一乘客，即系新文学家徐志摩，不幸亦遭非命。诚航空界空前之惨剧也。记者昨向该公司调查得详细情形，分志于后。

失事经过

京平线济南号飞机，于日前（十九）上午八时，由京接载邮件四十余磅，由飞行师王贯一，副飞行师梁璧堂，驾驶出发，乘客有诗人徐志摩一人，拟赴北平。该机于上午十时十分飞抵徐州，十时二十分由徐继续北飞，是时天气甚佳，不料该机飞抵离济南五十里党家庄附近，忽遇弥天大雾，进

退俱属不能，致触山巅倾覆，机身着火焚烧，王梁两飞行师及乘客徐志摩同时遇难。该机坠入谷内，机身粉碎，三人均被火焚烧，已成灰烬。

善后办法

当时该处津浦济南车站孙段长、康段长，及税部驻站办公主任关世康君，驰往查看，时已晚间。该公司济南事务所办事员朱凤藻，亦往查看，并立打电报至上海公司中，派飞行师安利生乘机前往出事地点，调查出事真相，以使办理善后事宜。并闻飞行师王贯一，系南苑航空班毕业，历任飞行要职，技术精深，经验宏富，此次遇难，实因临时突遇恶劣天气，无法挽救。

损失统计

出事未几，自平来京之南下飞机，开至济南后，因雾仍浓厚，未能向徐州南开，暂时停止。至济南号焚余机件，闻定于昨日搬运。据统计，其损失达数万金，但详细数目，该公司尚未计算云。

附录　徐志摩遇难报章报道

死者略历

死者正飞机师王贯一，山东平原人，年三十六岁，保定陆军军官学校及南苑航空学校毕业，领得飞行毕业证书，曾充直隶航空队飞航员及教官，航空署飞行员，国民第二军航空队队长，联军航空司令部第三分队队长，直军航空司令部航空队长，山西航空学校教官，山西航空队队附，沪蓉航空飞行师等职，现任中国航空公司京平线飞行师。

副飞机师孙壁堂（当为"梁璧堂"之误——编者注），湖北（实为"河北"——编者注）肥乡县人，年三十六岁，保定军官学校及南苑航空学校毕业，曾任江苏航空队飞航员、航空署飞行员、东北飞行队队员等职，现任中国航空公司京平线副飞行师。

乘客徐志摩，年约四十，曾留学海外，归国后任各大学教授及各书坊编辑。徐擅新文学，新诗尤为擅长，有诗人之称，此次因事北上，不图应惨遭非命云。

昨日停航

济南号肇事后，公司方面以昨日济南附近重雾未散，为求旅客安全起见，故于昨日停航一日。如今日云散雾消，则仍照常飞驶云。

四、一九三一年十一月二十二日第三张第一版

京平航空昨日照常飞航

聂开一返京视事

中国航空公司京平线济南号飞机失事各情,已志本报,记者昨复访公司财务组主任保君建君,据谓公司方面已于昨日电汇济南两千元,办理善后,今日尚未得到任何报告;惟京平线则以今日重雾散尽,业已于晨间依时飞航;至徐志摩君为余知好,此次竟罹此祸,殊深怨悼,外传余赠票徐君等等,则全属误会。当三四月前徐君即来函谓拟尝试,请与设法,本月十三四日徐君复自平来沪,即来访余,谓与顾维钧偕乘福特飞机来沪,兹仍拟乘机返平,惟顾须二十八九始返,故请设法,当时余以京平起点在京,且难破例设法,婉谢之。越日徐复来,再请设法,谓将于十八九两日中行,而尤以十九日为佳,余仍婉谢。晚间复得徐电话,谓即行入京,决乘机返平,询公司京办事处地址,当即详告,并知留京之何总理,请予照料,不意竟罹此变也。当事出后,余即往徐宅通报,徐君老父,亦已至公司详询一切,对于各情,均已明了,并嘱公司代办善后云云。又公司机航组主任聂开一,以母丧请假,昨晚已销假返京视事,据谈京平线,现尚有北平、沧州、徐州、天津、蚌埠号飞机五架,已足应用云。

附录　徐志摩遇难报章报道

五、一九三一年十一月二十三日第一张第四版

徐志摩棺运济

【本报济南电】济南号飞机一架及遇难三人灵柩，二十一日夜九时由党家庄运济，徐志摩棺由齐鲁大学校长朱经农、中国银行行长何象百照料，暂停寿佛寺，俟家属来领。王贯一家属已到济，拟将王柩运平原籍安葬。梁璧堂柩暂停车站，候家属来领。飞机因内部损坏仅余空架，决留张庄，作为废料，不再他运。

【本报济南电】王贯一之父叔妻子女各一人第三人（"日"之误——编者注）先后抵济，据其父王巨卿谈，贯一为飞行老手，此次实出意外，亲赴开山党家庄，调查结果，济南号飞机并非触于山顶，系汽缺（应为"缸"——编者注）渗漏，司机无从发见，且由徐开时，总公司报告济南天气迟误，致有此变，责任应由公司负之，或不得已而与公司诉之法律。二十二日航空公司总理已乘机离京来济，到徐州因天气恶劣暂停，明后日可来济。

六、一九三一年十一月二十三日第二张第四版

笔会追悼徐志摩

徐柩今日可抵沪

笔会于昨日（廿二日）午刻在大西洋菜馆开常会。到会员及来宾叶誉虎、章行严、宋春舫、程演生、曾虚白、罗隆基、孟寿椿、赵景深、沈旭庵、曾今可、汪翰章、陈志群、邬翰芳、戈公振诸君及应德蕙、王右家等。餐毕，由孟寿椿君主席报告本会发起人徐志摩先生乘飞机北上遇难情形，全体起立静默三分钟表示哀悼，并议决发行特刊为徐先生留纪念。末戈公振君报告会务而散。

中国航空公司济南号飞机失事中罹祸惨毙之徐志摩氏，其灵柩已由济南直运来沪，过京时并未停留，故昨日预定赴京之徐氏诸亲友，遂亦留沪。据徐宅人云，灵柩约于廿三日下午可抵沪，将葬于万国殡仪馆。惟徐之夫人陆小曼女士，自徐氏噩耗抵沪后，于伤感痛切之余，已致疾病矣。

七、一九三一年十一月二十三日第三张第二版

悼徐志摩

一九三一年，真个成了我们中华民族的历劫的年季了；当我们听到诗人徐志摩在济南坠机伤身时，我们眼前浮现起一队魔母妖精们在昆仑山脚一片草原上舞蹈，恣意地张牙弄爪着舞蹈。

我们真是又悲愤，又沉痛。我们回想到诗人的一生，他竟如红褪的莲瓣给秋风吹落浊泥里，完了他匆匆草草的一生。最近两个月内，我们听到木屐儿在东北鞭打我们赤体同胞的噼啪声，我们听到十万倭骑追赶在马占山军后的呼喊声，我们虽然为中华民族捏上一把冷汗，可是，又有谁梦想到我们的诗人，他在这国难中会如红褪的莲瓣给秋风吹落浊泥里，完了他匆匆草草的一生！当诗人生时，我们只知道他是个诗人，是晚近一个别具风格的诗人。他为小草写了不少的碎句，他为流水留下不少的妙音。他行踪所至，他又唱给我们不少的新篇，他常常在翡冷翠的夜里，以写诗换他的睡眠。这样，我们虽然觉察他为我们爱听诗的人服务得太辛苦了，可是，又有谁梦到他这次在航空途中，会如红褪的莲瓣给秋风吹落浊泥里，完了他匆匆草草的一生！

一切，一切，在我们的意料外，发生下重重叠叠的灾难，一九三一年，真个被我们证实为我们中华民族的历劫的年季了！

一个诗人，在社会上，有时无聊得如赘疣，有时又被人捧为时代的预言者，我们想，这并不是一个美好的标准，来做我们诗人的评价。我们的新诗人，他为我们写了不少的诗，他为我们的诗坛奠定下一个新的局面，这些，都是我们于他死后所念念不能忘的。

我们的新诗人死了，东方诗坛上的星又殒了一颗，小草为之低首，流水为之呜咽，爱听诗者为之饮泣，翡冷翠之夜为之凄清。只有一队魔母妖精在昆仑山脚一片草原上舞蹈，恣意地张牙弄爪着舞蹈！

八、一九三一年十一月二十四日第二张第三版

济南堕机经过

▲公司派员到济调查

【本报济南电】中国航空公司总飞行师法人安利逊二十三日乘飞机抵济，调查济南号肇事经过，定二十四日视察党家庄开山后返沪。

附录　徐志摩遇难报章报道

九、一九三一年十一月二十四日第三张第二版

济南号失事后

▲徐志摩柩明日可到

▲两机师将照章抚恤

中国航空公司京平航空济南号于十九日在济南遇险，诗人徐志摩及飞机师王贯一、梁璧堂均遇难，已迭志报端。昨新声社记者晤该公司何保两君谈话，悉胡适复电已到，徐王两柩已分运平沪，兹分志情形如下。

胡适复电

胡适与徐志摩，为莫逆交，自闻耗后，当时在平立电中国航空公司询问，该公司当即电复，昨胡氏又电该公司保君建电云：马电敬悉，已分发表，此间友朋，虽痛志摩惨死，亦知他久欲将飞行之意，见诸诗文，济南不幸，适逢其会，遂使全国失一才人，深盼航空事业，能更谋安全，更盼国人勿因志摩惨祸而畏惧航空。胡适。

徐柩运沪

徐志摩氏遇难后,其家属即自沪赴济,觅得遗骸成殓。中国航空公司亦饬驻济南事务所料理徐氏善后,业已办竣。今夜九时,灵柩可抵浦口,明日下午即可到申。至机师王贯一,亦由其家属赴济将运柩返北平原籍,梁璧堂之灵柩,则因其家属尚未赶到,暂留济南云。

损失约计

据该公司何志兢、保君建记者,此次事变后之损失,为数颇巨,该机价值须七万金。其余如出事后人员来请免费用,办理善后之支出,营业上之损失,合计之,约在八九万金云。

照常飞航

京平线昨日照例停飞,今(廿四)日起,继续飞航。往来该线飞机,共有六架,自损毁一架后,尚有五架,故仍可照常飞行,最近期间,拟不添购。机师王梁两氏,此次因公殒命,公司中决给予抚恤金,数目尚未定。何氏又谓,此次发生不幸事件,实属天气关系,此后对于航务,当更谋安全办法云。

附录　徐志摩遇难报章报道

治丧消息

徐志摩先生，此番遭难，其在沪一班友人，已组织治丧处，并已推定江小鹣、王文伯、孟寿椿、宋春舫、潘光旦、邵洵美、董任坚、戈公振、罗隆基等暂时主持，一切借用威海卫路一百五十号中社为办事机关，惟徐氏友人众多，仓促中未能普遍通知，该治丧处决定本日在中社午餐、晚餐，举行聚餐，凡徐氏友人关于治丧致祭及追悼等事有所建议或接洽者，本日随时可往中社与该治丧办事处接洽。

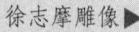
徐志摩雕像▶

附录：
徐志摩遇难报章报道

《益世报》

一、一九三一年十一月二十日第三版

京平飞机第一次惨剧

◇北上机济南号在鲁遇雾触山
◇机身起火坠落三人同成灰烬

附录　徐志摩遇难报章报道

【济南十九日下午九时四十五分本报专电】今日京平航空公司济南号机，由飞机师王锡五（即王贯一）、梁璧堂驾驶，早十点二十分，由徐州北开，满载邮件外，尚有该公司友人一。下午一时许，飞抵津浦线济南西南三十里之党家庄站西南十二里路线两里余开山地方，因天大雾，对面不能见人，机触山尖，致葛斯林油箱发火，机由山顶落于谷内，津浦路警闻声往视，见三人已烧成灰烬，一人因平式头尚能辨认，机身只余框架，余全焚毁。济南车务段长及警务段长康子罄，总部驻站办公主任关世康，以事关交通，驰往查看，因天已晚，现由路警看守。该公司驻济事务员朱凤藻，定明日往运该机与被难者。

据闻王技术最精，今次实因天气太坏失事。又今日该公司由平南下徐州号机，到济时因雾大不能见飞机场，降落甚难，停济未开。

二、一九三一年十一月二十一日第二版

京平坠机中不幸之旅客

新诗人徐志摩遇难

◇胡适已电朱经农为徐理后事
◇惨死两机师为王贯一梁璧堂

吻火
朋友眼中的徐志摩

【济南二十日下午十时二十分本报专电】昨中国航空公司飞机在党家庄失事遇难之乘客,系徐志摩,徐系此间齐大校长朱经农之友,今日胡适由平电朱,请照料徐后事。至飞行师二人,该公司已通知其家属,今由济南派机械员白先权前往整理尸身,买棺二,用千余元。

【上海二十日下午十时二分本报专电】徐志摩乘机,系免票,为其友保君建所送。保现任职航空公司财务主任,系王伯群新夫、保志宁之叔。

【上海二十日下午十时二分本报专电】济南号失事,诗人徐志摩遇难,其父现执业于兴业银行,饶于资,得讯涕泗横流,殊为悲惨。

【南京二十日下午九时本报专电】济南号损失在十五万以上,信件二千一百三十格兰母(gram),均立毁。机师家族要求厚恤。

【北平快讯】中国航空公司十号机济南号,前日上午八时由京北飞,途中在济南党家庄附近遇雾,误触山顶,致全

附录　徐志摩遇难报章报道

机损毁，司机二人、乘客一人均惨死，邮件全部被焚。记者昨日特至该公司北平站办公处询肇事原因，据该公司职员林君所谈如次：京平航线自本年一月开航以来，每日往返，向未失事，昨日（十九日）十号机济南号，上午八时由京北上，载客一人，司机二人，及邮件一万二千公分，上午十时行抵徐州时，天气甚佳，故继续前行，正午抵济南以南党家庄附近，忽遇大雾，方向不辨，遂误触开山山顶，全机纷碎，司机及搭客均遭惨死，邮件全部被焚。事后经津浦路车站职员瞥见，遂告知济南该公司分站，驰往营救，迨到达时，人均不救。该站遂于昨夜分向京平各站报告。昨晚八时，平站得电，略谓据津浦局消息，飞机一架摔下，飞机乘客生死不明，探明再报等语。迨至今晨（二十日）复接来电，遂谓机摔落焚毁、三人尽死等语。现济南站已派员至肇事地点收殓遗骸，将来对死难司机将予以相当抚恤。死者飞行师王贯一，系保定人，现年约四十岁，为南苑航空学校毕业生，家有父妻及子女四五人，其子年已十四五，现居北平，今晨其子曾到公司探询，其父亦于今晨至南苑机场探听，并拟亲至肇事地点收殓遗骸。另一机件师为梁璧堂。乘客系北大教授诗人徐志摩氏，前与顾维钧同乘福特机赴京，不幸竟于归途遇难云云，又该机价值七八万元云。

三、一九三一年十一月二十二日第二版

徐志摩柩将运沪

张慰慈等昨赴济殓徐遗骸

【平讯】北大教授诗人徐志摩氏,日前乘中国航空公司济南号机由京北返,在济南附近遇险殒命。平中各大学教授徐氏好友颇多,北大张慰慈、清华张奚若及梁启超之子梁思成等,均于昨日下午五时同乘平浦快车赴济,收殓徐氏遗骸,并办理一切善后事宜,拟将徐氏灵柩运往上海暂厝。徐氏之遗著,亦将搜集汇篇,以兹传世云。

【上海廿一日上午一时本报专电】徐志摩最近因故与其父脱离父子关系,此次返沪,系视其妻陆小曼病,不幸竟遇难。何兢武由京电沪,已为备棺,而其父亦在沪市一棺,乃急电何制止。其父号(二十)晚运柩北上殓徐。

四、一九三一年十一月二十五日第一张第三版

徐志摩柩昨日到京今日运沪

【南京廿四日下午四时本报专电】徐志摩柩（廿三日）晚到京，蔡元培及中大教职员学生、文艺界，多往月台致祭，敬（廿四日）运沪。

五、一九三一年十一月二十八日第一张第三版

京平飞机肇事真相谈

◇天气太坏地形恶劣飞行过速

◇飞机先触山尖失火然后下坠

【济南通信】中国航空公司京平线济南号飞机，十九日由徐州开来，至距济南三十里之党家庄，因是日天有浓雾，细雨濛濛，飞机撞在山上，汽油起火，致演成惨剧，机师王贯一、梁璧堂及乘客徐志摩，均殉此难。此案发生之后，一班人对于失事时之情形，多有揣测，有谓撞在山上者，有谓机身损坏，油箱渗漏，以致起火者，传说纷纷，莫衷一是。上海航空总公司为明了失事真相，以明责任所在，而图补救，

吻火
朋友眼中的徐志摩

特派飞机师安利逊（美国人）来济调查，安到济已数日，因雨一再迟迟，至昨（二十五日）早雨已停止，安遂于早九点半搭由济南去之平浦车赶党家庄，派熟悉路径之工友一名随行领导，至党家庄后下车，因此处为一小站，并无代步，乃徒步行十数里前往，至肇事处之西大山，详为勘察情形，数小时后，仍返党家庄车站。因无北来车，安不耐久等，遂徒步回济南，工友随之，时大雨如注，东北风迎面吹过，备极难行，午后三点半始到济。据安氏告记者，济南号飞机失事原因有数点：（一）有浓雾，气候太坏，飞机在空中下视不清楚，必须低飞；（二）地形恶劣，据详察失事处附近有小山六个，高低不一，驾机者有顾此失彼之虞；（三）当日王贯一驾此机，以天空有雾，飞行甚低，此处六个山头，必已看见高四百尺之开山，而未见稍低之西大山，比已看见，而机力太快，躲避不及，致撞在西大山而起火，机遂坠下，三人同罹此难。观王贯一、梁璧堂，因坐在机前，油箱在前，起火后，王、梁被烧半焦，徐君坐在机后，火未及烧到而坠下，徐君被砸死而未被烧死，此即机因撞山而起火，然后坠下之明证也。安君并云由党家庄回济，予冒雨迎风作十六英里赛跑，此为予第一次，但精神殊为愉快云云。